誰も書かなかった

日本史「その後」の謎

雑学総研

中経の文庫

はじめに

私たちが学校で習ってきた日本史は、起こった出来事を時系列に教えてもらうことが大半で、「その後」がどうなったのかということに関しては、知る機会がめったにない。

だから、「明治以降に徳川家がどうなったのか？」「水戸黄門（徳川光圀《みつくに》）が晩年に家老を殺害していた！」「日本を離れたあとのザビエルの最期」といった話は、日本史が好きな人でなければ知らないかもしれない。

そこで本書では、歴史好きはもちろん、歴史に疎《うと》い方でも気楽に読めるように、なるべくやさしく日本史の「その後」を紹介している。歴史的な背景もわかるように、難しい専門用語などは極力使わず、エピソードとして面白いものだけを集めたつもりだ。本書を読んだことで、少しでも日本史に興味を持っていただければ幸いである。

雑学総研

誰も書かなかった日本史「その後」の謎

目次

第1章 実は知られていないあの歴史の「その後」

第2章

意外な生きざまを送った あの人物の「その後」

第3章

国の発展を促した 天才たちの「その後」

第4章

史実のウラにある
隠された「その後」

第5章 にわかには信じがたい驚愕の「その後」

第6章 日本史を動かした女たちの「その後」

第7章

国を騒がせた モノ・場所の「その後」

本文イラスト：化猫マサミ
本文デザイン：黒岩二三［Fomalhaut］

第1章

実は知られていない あの歴史の「その後」

大政奉還後、最後の将軍・徳川慶喜は余生をどうすごしたのか？

　二百六十余年にわたって続いた江戸幕府の最後の将軍（一五代）となった徳川慶喜《とくがわよしのぶ》。

　一八六七（慶応三）年十月十四日、大政奉還《たいせいほうかん》の上表《じょうひょう》を朝廷に提出したのち、王政復古のクーデターによって将軍の座を追われた慶喜は二条城、大坂城、江戸城を転々としたあと、一八六八（慶応四）年二月より上野寛永寺において謹慎生活をはじめ、四月には水戸の弘道館《こうどうかん》においても謹慎生活を余儀なくされる。そして、同年五月、慶喜は徳川家を継いだ家達《いえさと》の後見人・松平《まつだいら》確堂《かくどう》から駿府《すんぷ》（現・静岡県）への移転を求められ、これが新政府によって認められたことから、静岡で生活することとなった。

　さて、ここでひとまず激動の世の中から一歩引いたところへ身を置いた慶喜だが、彼はその後どのような生活を送っていたのだろうか。実は、彼はとても好奇心が旺盛で、さまざまな趣味を持っていたのだ。

まず、静岡において慶喜が興味を示したのが油絵であった。当時は東北地方においてなおも戦闘が続いている状態であり、慶喜は隠居生活をすごす常盤町の宝台院を出られる立場になかった。そのため、家の中でできる油絵が最適だったのだ。このとき慶喜に油絵を教えたのは中島《なかじま》鍬《くわ》次郎《じろう》という絵師で、西洋の絵葉書などを教材にしたという。

徳川慶喜。1902（明治35）年、小川一真による撮影（松戸市戸定歴史館蔵）

さらに慶喜は、明治へ改元以降、身が軽くなったのと比例するかのように多彩な趣味を持ち、狩猟、鷹狩、囲碁、将棋、投網《とあみ》、能、刺繍《ししゅう》などに取り組んだ。駿府城公園の濠では、ウナギ釣りまでしていたというから驚きだ。

なぜこれほどまでに慶喜が多趣味だったかといえば、彼の進歩的な考えが影響している。

写真を撮られると寿命が縮むといわれた時代に、数多くの肖像写真を残したのも彼だし、将軍の座に就く以前から洋食を好み、「豚一《ぶたいち》」というあだ名で呼ばれていたこともあった。

「豚一」とは、「豚を好んで食する一橋《ひとつばし》」という意味（「一橋」は慶喜の相続先）である（家近良樹『徳川慶喜』）。

一九一三（大正二）年十一月、慶喜死去。

水戸藩主・徳川斉昭《なりあき》の子として生まれたばっかりに、最後の将軍の座に就くことになり、苦難の道を歩んだ慶喜であったが、七十七年の生涯のうち、およそ半分は穏やかな人生だったのではないだろうか。

信長の遺体はどこへ行った？「本能寺の変」のその後

一五八二（天正十）年六月二日、早朝。

まだ夜が十分明けきっていない頃のこと、明智光秀《あけちみつひで》率いる一万三〇〇〇余の兵が本能寺《ほんのうじ》を取り囲む。中には光秀が仕えたかの織田信長《おだのぶなが》が眠っていた。

謀反《むほん》を起こされた信長は、光秀軍の急襲によって周囲の者が次々と倒れていく中で行く末を悟ったのか、肘に鑓《やり》傷を負うと建物の奥深くに移り、納戸《なんど》の入口の戸を固く閉ざして割腹《かっぷく》して果てたのだった。

これは『信長公記《しんちょうこうき》』にて描かれた信長の最期だが、この話には続きがある。実はこのあと、信長の亡骸は光秀軍の必死の捜索にもかかわらず、発見されなかったのだ。

では、彼の遺体はいったいどこへ行ってしまったのか？

手掛かりの一つといえるのが、静岡県富士宮市に建つ西山本門寺《にしやまほんもんじ》だ。地元

に伝わる口伝によれば、ここの境内の本堂奥の大柊《おおひいらぎ》の根本に信長の首を埋めたとされているのだ。

　本能寺の変が発生する前日、本能寺では囲碁の対局が行なわれたが、その片方の人物は本因坊算砂《ほんいんぼうさんさ》といい、彼は囲碁の棋士であると同時に日蓮宗の僧侶でもあった。その算砂が原志摩守宗《むね》安《やす》に指示して本能寺から信長の首級を持ち出し、西山本門寺へと運び出させたという。西山本門寺は日蓮の高弟である日興《にっこう》の法脈を継ぐ寺であることから、算砂との結びつきも不自然なものではなくなるのである。

ただし、信長の遺体の謎については異説もある。京都市上京区の阿弥陀寺《あみだじ》には信長をはじめ、兄の信広《のぶひろ》や息子の信忠《のぶただ》、家臣の森蘭丸《もりらんまる》ら、本能寺の変で死を迎えた人びとの墓があるが、同寺の僧侶・清玉上人が本能寺から信長の遺骨を持ち出し、ここへ葬ったというのだ。

本能寺の裏門から中へ侵入した清玉上人らは、織田方の武士が信長の遺体を火葬しようとしていたことから、それを見届け、本能寺の僧侶のふりをして遺骨を外へ運び出したという。

信長の菩提寺は京都市北区の総見院《そうけんいん》（信長の法名「総見院殿」からの命名）だが、ここに信長の遺体はない。あるのは、遺体の代わりに焼いたという木像と同様の木像（信長公座像）のみである。

信長の遺体は果たしてどこへ行ってしまったのか？　その謎を解くことができる者は、これから先も現れないかもしれない。

鎌倉幕府三代将軍・源実朝のあとに六人も「将軍」がいた!

「鎌倉幕府の将軍は誰か?」と聞かれてとっさに口にすることができるのは、初代・源《みなもとのよりとも》頼朝、二代・源頼家《よりいえ》、三代・源実朝《さねとも》までだろう。これは学校で習ったことなので、誰もがわかる史実である。

だが、鎌倉幕府の将軍は実朝のあとも続いていたということを知る人は少ないかもしれない。しかも、六人もいたのである。

では、なぜ彼らは一般的ではないのか? それは、彼らが「お飾り」の将軍だったからである。

一二一九(承久元)年に甥の公暁《くぎょう》(頼家の子)に実朝が暗殺されたのち、四代将軍に迎えられたのは藤原頼経《よりつね》だった。頼経は頼朝の姪の孫だから、頼朝の五親等にあたるが、執権《しっけん》として幕府の実権を握っていた北条氏からすれば、将軍職に就く者は頼朝の血を継いだ者でなければならないのは当然であった。そうでなければ、幕府が一枚岩にならないからである。

このとき、頼経は数えで二歳の子どもにすぎず、正式に将軍になったのも七歳のときであった。

だが、頼経が成長するにつれて政治権力を手中にしたい欲求が高まってくると、北条氏にとっては厄介者《やっかいもの》以外の何者でもなくなってくる。そこで、頼経は一二四四（寛元二）年、将軍の座を子の頼嗣《よりつぐ》に譲ることを強いられるのである。

以下、五代・藤原頼嗣、六代・宗尊親王《むねたかしんのう》、七代・惟康《これやす》親王、八代・久明《ひさあき》親王、九代・守邦《もりくに》親王は、皆、ほとんど幼少の頃に将軍職に就き、成長期になると北条氏の意向などによって京都へ強制送還されるという運命をたどることになる。なお、鎌倉幕府最後の将軍、九代・守邦親王は一三〇八（延慶元）年、八歳のときに将軍となり、一三三三（元弘三）年の鎌倉幕府滅亡に伴って将軍職を辞したあとは出家し、その後すぐこの世を去っている。

三代・実朝のあとの六人の男たちは、時代が悪かったのか、北条氏の手のうえで躍らされるだけの「傀儡《かいらい》将軍」であった。

十七条憲法を定めた聖徳太子は本当にいたのか？　いないのか？

古代の日本を代表する政治家といえば、真っ先に「聖徳太子《しょうとくたいし》」の名前が思い浮かぶことだろう。

かつては多くのお札にその顔が印刷されていたこともあるから、聖徳太子は日本人なら誰でも知っている人物ともいえる。

聖徳太子は、以前は家柄で決められていた朝廷の役人の地位を、その人の能力に応じて決める「冠位十二階」や、役人の心構えを規定した「十七条憲法」の制定など、それまでのものを一新した政策を推し進めた人物として知られる。仏教に深く帰依《きえ》し、国内のみならず海外の事情にも詳しく、天皇を補佐する「摂政《せっしょう》」という地位を与えられて活躍したというのが従来の聖徳太子像であった。

また、聖徳太子の母は穴穂部間人皇女《あなほべのはしひとのひめみこ》というが、彼が生まれる前、菩薩《ぼさつ》が彼女の前に現れ、「お腹を貸してほしい」といい、その後生まれたのが聖徳太子であるという伝説や、政治の世界にいたときには、一〇人の相談者の話を同時に理解し、返答したという話も伝わる。

いわば、聖徳太子は古代の政界における「スーパースター」として後世に伝わっているのだ。

だが、このように教科書などでかつては知られていたが、現在では「聖徳太子はいなかった」とする説が声高にいわれている。そのモデルとなった厩戸皇子《うまやとのおうじ》（用明天皇《ようめいてんのう》の御子《みこ》）は実在する人物であるが、「聖徳太子」と呼ばれた人物は存在していなかったようである。

その証拠に、聖徳太子本人が生きていた時代に書かれたりつくられたりした史料は何も残っていないし、『日本書紀』中の「十七条憲法」についての記

述に使用されている「国司」という言葉は彼の生きた時代よりもずっとあとのものである。

　さらに、日本最古の歴史書である『古事《こじ》記《き》』（七一二年成立）には、彼が補佐していたとされる推古《すいこ》天皇に関しては記述があるものの、彼自身については何も触れられていないのだ。

　これらのことから、実在していた厩戸皇子をモデルに、「聖徳太子」という偉大な政治家を後世になってから作り出したと考えられるようになっている。「唐本《とうほん》御影《みえい》」とも呼ばれる、聖徳太子の有名な肖像画も、現在では「伝聖徳太子像」と記述されることも少なくない。

聖徳太子の死後に巻き起こったさまざまな論争を、彼はあの世からどんな思いで眺めているのだろうか。

新選組解散後、隊士は明治時代をどう生きたのか？

幕末期、近藤勇《こんどういさみ》や土方歳三《ひじかたとしぞう》、沖田総司《おきたそうじ》など数々の歴史上の有名人を擁した「新選組《しんせんぐみ》」。

局長・近藤勇が下総国《しもうさ》流山で降伏し、斬首の刑に処せられたのち、土方は榎本武揚《えのもとたけあき》らとともに蝦夷地《えぞ》（現・北海道）へ移り、一八六九（明治二）年五月、旧幕府軍の拠点であった五稜郭《ごりょうかく》が正式に降伏したことによって、一八六三（文久三）年三月の誕生（当時の名称は「壬生浪士組《みぶろうしぐみ》」）から六年二か月後、新選組はその歴史に幕を下ろした。

時代は官軍で活躍した人びとが支配する世の中になったのだが、新選組に属していた隊士たちはその後、どのような暮らしを送ったのだろうか。

幕末を生き残った隊士たちの中で有名なのが、永倉新八《ながくらしんぱち》と斎藤一《さいとうはじめ》だろう。永倉は明治以降、松前藩へ帰藩し、藩医である杉村松伯《すぎむらしょうはく》の娘と結婚して杉村家の養子に入り、「杉村義衛《よしえ》」と名乗った。また、新選組供養塔の建立や、『新撰組顚末記《てんまつき》』の上梓など、新選組の歩みをこの世に残すことに多大な貢献をしたといってよい。

斎藤一は会津戦争の際に会津藩士として降伏、謹慎ののちに東京へ移り、「藤田五郎」という名前で警視局に勤め、その後は東京師範学校の守衛として働いた。

箱館戦争まで戦った島田魁《しまだかい》は、降伏の三年後、京都にて剣術道場や雑貨商を営み、一八八六（明治十九）年からは西本願寺の夜間の守衛をも兼務している。島田の許には「新政府で働かないか」という誘いもあったが、「若くしてこの世を去り、地下に眠っている友人たちはどうするのだ?」と返答し、断固として官職に就くことはなかったと伝わる。

そのほか、「阿部七号」というリンゴの栽培に精を出した阿部十郎や、横浜市会議員、神奈川県議員を歴任した近藤芳助《こんどうよしすけ》（のち、「川村三郎」と改名）、小学校の用務員として働いた山野八十八《やまのやそはち》、戊辰戦争の御陵衛士の墓碑を建立した篠原泰之進《しのはらたいのしん》など、各々細々と人生を歩んだ。

だが、彼らの中の何人かの例を見てもわかるが、元隊士たちの心の中にはいつまでも新選組時代の経験が深く刻まれていたのだった。

坂本龍馬暗殺後、海援隊はどうなった？

「日本初の株式会社」と称される亀山社中《かめやましゃちゅう》を前身に持つ「海援隊《かいえんたい》」。

幕末の混沌とした時代に結成された団体（新選組、奇兵隊《きへいたい》など）と比べて亀山社中がユニークだったのはその利益の上げ方で、薩摩《さつま》藩から資金提供を受けたうえで経営を亀山社中が行なうという、現在の株式会社のようなシステムは、幕末の日本においては画期的なことだった。

亀山社中が日本初の株式会社といわれるのはこのことによるもので、「株主」を薩摩藩から土佐藩に変えて生まれたのが海援隊というわけである。

だが、不幸なことに、本格的な経済活動を行なう前に坂本龍馬《さかもとりょうま》は暗殺されてしまう。龍馬の指揮のもとに海援隊が活動できたのは、わずか半年にすぎなかった。

では、一八六七（慶応三）年十一月に京都の近江屋《おうみや》で龍馬が殺されたあと、当の海援隊はどうなったのだろうか。

このとき、海援隊の所属隊士は京都と長崎にわかれて活動していたが、とりあえず存続はしていた。

龍馬の秘書室長だった長岡謙吉《ながおかけんきち》は一八六八（慶応四）年一月、官軍の一員として海援隊の同志たちと瀬戸内海に浮かぶ塩飽《しわく》諸島を訪れ、一帯を鎮めることに尽力し、高松藩の居城である高松城（香川県高松市）の接収なども行なっている。

これらの統率により、同年四月には長岡が海援隊の二代目隊長に就任するが、新宮馬之助《しんぐううまのすけ》や陸奥《むつ》陽之助（宗光《むねみつ》）、佐藤与之助《よのすけ》、伊東祐亨《いとうすけゆき》など、隊士たちが新政府に出仕していったため、同年閏《うるう》四月、株主である土佐藩からの通告によって海援隊は消滅したのだった。

なお、龍馬と仲のよかった岩崎弥太郎《いわさきやたろう》は海援隊から船や水夫などを譲り受け、三菱財閥の初期の基盤であった海運業を成功させる。つまり、三菱を大財閥に成長させたのは、海援隊の解散ともいえるのだ。

その後、弥太郎の築いた三菱の海運会社は日本郵船と合併するが、日本郵船の社旗こそ、白地に赤二本線を配した海援隊の旗と同じであった。海援隊、引いては龍馬の遺志は、弥太郎に引き継がれたともいえる。

「巌流島の決闘」のあと、佐々木小次郎は生きていた⁉

一六一二（慶長十七）年四月十三日、剣豪・宮本武蔵《みやもとむさし》と巌流島《がんりゅうじま》（山口県下関市。正式名称は船島《ふなしま》）で戦って敗れた佐々木小次郎《ささきこじろう》。

彼は決闘のあと、どうなったのだろうか。

通説では、戦いにおいて敗れた小次郎は命を落としたとされているが、『沼田家記』（細川藩の家老・沼田延元《のぶもと》の記録をもとに再構成された書物）によると、決闘において、実は武蔵は小次郎を死にいたらしめてはおらず、その後も小次郎は生きていたというのだ。

実際に小次郎を殺したのは武蔵の弟子たちであったようで、小次郎が巌流島にて没したのは通説と変わりないが、武蔵が息の根を止めたわけではないという。

面白いことに、巌流島のすぐ西にある彦島《ひこしま》には「彦島弟子待町《でしまつ》」という地名があって、小次郎の弟子たちが巌流島の決闘を遠くから見守っていたという伝説がこの地名の由来であるらしい。

地図で確認するとわかるが、彦島の東部沿岸から巌流島までの距離は、およそ三〇〇メートルにすぎない。つまり、伝説のように、弟子が師の決闘の

ようすを見守ることも不可能ではなかったと推測することができるのである。

一方、小次郎の妻のその後についても言い伝えが残されている。

その話によると、決闘当時、小次郎の妻・ユキは子どもを身籠《みごも》っていたが、夫の遺髪を届けられたあと山陰地方へ逃れたという。

実は、ユキはキリシタンで、信者たちとともに山口県阿武《あぶ》郡阿武町福田下《ふくだしも》の寺ヶ浴《てらがえき》という山間にたどり着き、そこにあった正法寺《しょうほうじ》という寺に身を寄せて剃髪《ていはつ》し、尼になったというのである。

現在も同所には小次郎の墓が建っているが、これこそユキが夫の菩提《ぼだい》を弔うために築いたもので、墓には「佐々木古志らう」と刻まれている。

なぜ墓銘を「佐々木小次郎」としなかったのかといえば、これから生まれてくる子どもが成長してこの墓を目にしたときに、その子が「父の仇《かたき》を討つ」と言い出さないよう配慮したためという。

なお、小次郎の墓の側には「バテレン墓」と称される墓もある。これは六面の観音様が彫られている石塔で、ユキもこの墓に祈りを捧げていたと伝わっている。

明治維新後、徳川宗家はいったいどうなった？

一八六七（慶応三）年十月十四日、征夷大将軍・徳川慶喜が朝廷へ政権を移譲（大政奉還）したことにより、二百六十年余にわたって続いてきた徳川政権が終わりを告げた。

では、その後、徳川宗家はどうなったのだろうか。

一五代将軍・徳川慶喜のあとを継いだのは、徳川家達《いえさと》である。

家達は慶喜の実子ではなく、徳川家の分家である御三卿《ごさんきょう》のうちの田安家《たやすけ》の出身（田安慶頼《よしより》の三男）で、本名を田安亀之助《かめのすけ》という。

家達が徳川宗家を相続したのは大政奉還の翌年の一八六八（慶応四）年閏《うるう》四月のことで、このとき家達はわずか四歳だった。

徳川宗家の後継に関して、慶喜は紀州藩主・徳川茂承《もちつぐ》を推したが、静寛院宮《せいかんいんのみや》（和宮《かずのみや》）らが亀之助を強く推したため、彼ですんなりと決定したという。

幼子ではあるが、家達はれっきとした徳川宗家の当主である。

同年五月には駿河府中（駿府）藩七〇万石を下賜《かし》され、一八六九（明治二）年の版籍奉還《はんせきほうかん》によって静岡藩知事に任命されている。つまり、将軍職を失った徳川宗家は、静岡藩の藩主という地位に格下げされて存続したのだ。

その後、一八七一（明治四）年七月、廃藩置県《はいはんちけん》が断行され、華族の身分を保証された家達は東京へ移住し、六年後にはイギリスへ留学。一八八二（明治十五）年に帰国したのちには公爵《こうしゃく》を授けられ、一八九〇（明治二十三）年十月には貴族院議員となっている。

家達はその後、一九〇三（明治三十六）年から一九三三（昭和八）年まで、三十年にわたって貴族院議長を務め、驚くべきことにこのあいだの一九一四（大正三）年には首相への就任要請もあった。

これは、シーメンス事件（艦船購入をめぐる日本海軍の汚職事件）によって山本権兵衛《やまもとごんべえ》内閣が倒れたことによるもので、徳川宗家の後継者ではあるが、政治色が薄いという理由から家達が選ばれたと思われる。

だが、「自分は首相の器ではない」と家達自身が考えていたことや、汚職事件という混乱期に首相の座に就いて何か問題があったとき、家達のみならず徳川宗家の名誉に傷がつくという理由から、家達は要請を固辞。家達の首相就任は見送られ、代わりに大隈重信《おおくましげのぶ》が内閣を組織することとなった。

15歳の頃の徳川家達。1868（明治元）年、徳川宗家を相続した（国立国会図書館蔵）

以降、国際連盟協会総裁、ワシントン会議の全権委員、日本赤十字社社長、第一二回オリンピック東京大会組織委員会委員長などを歴任した家達は、一九四〇（昭和十五）年六月、七十六歳で亡くなった。「一六代様」と称された家達の人生は、やはり波乱に満ちた生涯だった。

大化改新後、蘇我氏の子孫は実は栄えていた!?

まだ古代日本の政治体制が流動的だった七世紀半ば、中大兄皇子《なかのおおえのおうじ》が蘇我倉《そがのくら》山田石川麻呂《やまだのいしかわのまろ》や中臣鎌足《なかとみのかまたり》の協力をえて、蘇我蝦夷《えみし》・入鹿《いるか》を滅ぼした。

これが歴史上にいう「乙巳《いっし》の変」（六四五年）で、これによって王族の軽《かるの》皇子《みこ》が孝徳《こうとく》天皇として即位し、中大兄皇子が皇太子、阿倍内麻呂《あべのうちまろ》と蘇我倉山田石川麻呂はそれぞれ左大臣、右大臣に昇格した。

そして、一連の諸改革がなされ、「大化改新《たいかのかいしん》」という名称で記憶されることとなる。

これによって、蘇我馬子《うまこ》（蝦夷の父）以来、権勢を振るってきた蘇我宗家はついに滅びたのであった。

では、その後、蘇我氏の子孫はどうなったのだろうか。

宗家を滅ぼすことに加担した蘇我倉山田石川麻呂に関していえば、弟の連《むらじ》子《こ》の系統が、六八四（天武天皇十三）年より以前に「石川氏」という名前に変更している。

これは、嫡流家の馬子が仏殿を置いた河内国石川郡にちなんだ命名で、奈良時代の中頃にはここから石川年足《いしかわのとしたり》が出ている。『続日本紀《しょくにほんぎ》』によると、年足は潔白、勤勉な人物で、読書を好み、政治に長《た》けていたと伝わる。年足は藤原仲麻呂に次ぐ御史大夫《ぎょしたいふ》という役職に就き、仲麻呂の懐刀《ふところがたな》としてその政権を維持するのに尽力したという。

また、年足の活躍によって、弟・豊成《とよなり》と子・名足《なたり》が中納言に就き、後継の真守《まもり》は齢七十を迎える七九八（延暦十七）年四月まで参議としてその地位にいた。

蘇我氏の嫡流家は大化改新によって滅んでしまったが、傍流は朝廷の中枢で繁栄を見ていたのであった。

だが、この真守を最後に蘇我氏（石川氏）の繁栄は終焉を迎え、八七七（元慶元）年には「宗岳氏《むねおか》」と改名している。

坂下門外の変のあと、老中・安藤信正はどうなった？

幕末・開国期の大老・井伊直弼《いいなおすけ》が暗殺された「桜田門外の変」（一八六〇年）は歴史の転換点として誰もが知っている事件だが、その二年後、実は再び幕府の高官が襲われたという事件が起こっている。

それが、老中・安藤信正《あんどうのぶまさ》が江戸城の坂下門外《さかしたもんがい》で襲撃された「坂下門外の変」（一八六二年）である。

安藤は桜田門外の変ののち、老中として幕府を建て直すべく公武合体《こうぶがったい》（朝廷と幕府の関係強化策）を図り、和宮（孝明《こうめい》天皇の妹）を一四代将軍・徳川家茂《いえもち》に降嫁させることに尽力するなどし、外交問題にも積極的に関わったが、その行動が尊王攘夷《そんのうじょうい》派の怒りを買い、坂下門外にて襲われたのだった。安藤は駕籠《かご》越しに背中を刺され、頬に傷を負ったが、一命を取り留めた。

ところが、負傷した安藤に下されたのは老中職を罷免《ひめん》するというものであった。これは、「襲われたのは注意が足りなかったからだ」という理由によるものだが、実際は幕府内の反安藤派や薩摩藩による「追い落とし計画」であったといえる。

罷免された安藤は、隠居永蟄居《えいちっきょ》に加え、二万石削封《さくほう》となって、磐城《いわき》国平《たいら》藩主の座を養子の信勇《のぶたけ》に譲り、自身は「鶴翁《かくおう》」と名乗って隠居の身となったのだった。

だが、その後、安藤は再び時代の流れに翻弄される。

明治維新を迎える直前の一八六八（慶応四）年六月、新政府軍が磐城へ上がってくるとの報が藩へもたらされたのである。

しかも、このとき藩主・信勇は藩の飛び地である美濃の別邸で病気療養中であり、藩を動かすことができる人物は安藤しかいなかった。安藤は再度、政争の前線に立たされることになったのだ。

また、坂下門外の変で自身を傷つけた背後には薩摩藩もいたのは先述の通りだが、攻めてくる軍が薩摩藩を含む新政府軍と聞けば、黙っていられるはずがなかった。

安藤は隠居の身でありながら二〇〇の兵を率いて戦いの場へ出て行った。結果としては、部下の藩老によって前線から退けられ、平城も落城してしまったが、戦う姿勢を最後まで持ち続けた人生であったといえる。

安藤は一八七一（明治四）年、五十一歳でこの世を去っている。

「命のビザ」を発給し続けた杉原千畝の不遇なその後

一九四〇（昭和十五）年七月二十九日、早朝。リトアニアの当時の首都・カウナスにある日本領事館の扉が開かれ、難民となったユダヤ人が日本を通過できるためのビザの発給作業が開始された。いわゆる「命のビザ」の発給がはじまったのだ。

この、ユダヤ人のためのビザを発給した人物が外交官・杉原千畝《すぎはらちうね》だった。当時、ビザはまだ手書きで、食事をする時間を惜しんで杉原は一晩中ビザを書き続けた。

それは同年九月五日に杉原一家がカウナスを発《た》つまで続けられ、彼は駅のホームでもベンチに座りながらビザをひたすら書いた。結果、杉原が発給したビザの総数は二一三九枚に達し、六〇〇〇人ものユダヤ人が命を長らえることができたと伝わる。

しかし、戦後、ルーマニアのブカレスト郊外の捕虜収容所に連行されて、終戦の翌年四月にようやく故郷の土を踏むことができた杉原に、日本での居場所はなかった。その原因は明らかにユダヤ人に出したビザの件であり、外務省としてもかばい切れないという旨の通告とともに同省を解雇されたのだった。

いくら所属先の命令に反してビザを出したとはいえ、六〇〇〇人の命を救った事実は揺らぐことはない。この外務省による「仕打ち」がよほど悔しかったのか、杉原は以降、同省の関係者とはいっさい連絡を取らなかったという。

その後、貿易会社や翻訳、語学指導などの仕事に就いて生活の糧《かて》にしていた杉原だったが、一九六八（昭和四十三）年八月、イスラエル大使館から電話があり、大使館へ赴いてみると、そこには彼が発給したビザによって助けられた人物がいた。彼をはじめとする人びとは、長いあいだ杉原の行方を探し続けていたのだという。杉原の行ないは、戦後二十三年ののち、ようやく報われたのだった。

現在、杉原がビザを発給した地であるリトアニアには「スギハラストリート」という、彼の栄誉を讃える通りが存在し、また、同国の歴史の教科書などには彼の行ないが語られている。

なお、死の前年の一九八五（昭和六十）年一月には「諸国民の中の正義の人賞」を意味するヤド・バシェム章を受賞。ユダヤ人を救った人物として、スギハラはいまでもなお人びとの心の中に生き続けている。

赤穂四十七士に加わらなかった浪士たちはどうなった？

一七〇一（元禄十四）年三月十四日、江戸城松の廊下で播州赤穂《あこう》藩の藩主・浅野内匠頭長矩《あさのたくみのかみながのり》が高家筆頭人・吉良上野介義央《きらこうずけのすけよしなか》に斬り掛かるという事件が発生する。いわゆる「松の廊下事件」である。

なぜ内匠頭が吉良に斬り掛かったのかということについては定説がなく、一説には、内匠頭が吉良に賄賂《わいろ》を贈ることを拒んだことによる関係性のこじれや、単なる性格の不一致、内匠頭の突発的な犯行などといわれている。

ここではそれを解くことに重きを置かないので省くが、このことにより内匠頭は即日切腹させられて赤穂藩は取り潰しとなり、一方の吉良は何のお咎《とが》めもなかった。これに対して赤穂藩浅野家の家老・大石内蔵助《おおいしくらのすけ》を筆頭に四七人の赤穂浪士が吉良邸に討ち入りを果たし、これをモチーフとして生まれたのが「忠臣蔵《ちゅうしんぐら》」である。

さて、大石内蔵助が最初に討ち入り決行を宣言したとき、それに賛同したのは一二〇人あまりだったが、結局七〇人以上の浪士が脱盟したことになる。では、彼らにはその後、どのようなことが起こったのだろうか。

七〇人以上の脱盟浪士たちは、その後日本各地でひっそりと暮らしたとされるが、たとえば奥野将監《おくのしょうげん》の場合は現在の兵庫県加西市において田畑を耕しながら同地に籠ったと伝えられる。奥野は内蔵助の右腕として浅野家の重臣であった人物だが、討ち入りの不成功を予感したため、そこに同行することはなかったのだ。

奥野がその後、浪士たちの前に現れたという記述は見られず、討ち入りから二十四年後にこの世を去ったと伝えられる。奥野の墓は多可《たか》郡多可町の稲荷神社の境内にあり、墓の傍らには「浅野内匠頭家臣、奥野将監」と刻まれている。

なお、脱盟したそのほかの者たちも、討ち入りによって四十七士が切腹の刑に処せられたのち、臆病者や裏切り者と罵《ののし》られ、赤穂藩の家臣であったことを隠すかのように名前を変えた者もいたようである。それは脱盟浪士を持った親も同様で、息子の取った行動を恥じた父親の中には切腹した者もいたそうである。

生類憐みの令で世の中の反感を買った犬たちのその後

江戸時代に出された法令の中でもっとも有名なものの一つが、「生類憐《しょうるいあわれ》みの令」であろう。この法令は五代将軍・徳川綱吉《つなよし》によって一六八五（貞享二）

年頃から出されたもので、綱吉の二十一年におよぶ在位期間中、六〇回も発令されたという。綱吉の気まぐれな法令といっても過言ではあるまい。

この法令で保護の対象となったのは犬をはじめ、猫、鶏、牛、馬、亀、蛇など多岐にわたる。魚介類もその対象で、生きたまま売ることが禁止されたため、ウナギやドジョウをあつかうこともできなくなった。

生類憐みの令において、多くの保護規定が出されたのは犬に関することだった。これは「犬公方《いぬくぼう》」とも呼ばれた綱吉の意向を反映したものであるが、法令違反者に対する罰則はかなり厳しく、家来が犬に嚙み付かれたためその犬を斬り殺したところ、切腹を命じられた藩主がいたり、銃で鳥を撃って商売していた与力や同心らはそれが発覚したため一一人が切腹を命じられたほか、子どもも流罪に処せられたほどである。

そんな状況であるから、誰も犬に近寄らなくなり、エサをやることもなくなったため、野良犬が増えてしまう。対策に困った幕府は、当時は田園風景が広がっていた江戸近郊の中野や喜多見《きたみ》、四谷などに犬小屋を設け、そこで

犬を飼うことにしたのだった。中野の犬小屋は一六万坪もの広大な敷地に築かれたもので、収容された犬の頭数は八万二〇〇〇匹、年間のエサ代は九万八〇〇〇両にもおよんだというから驚きである。現在のお金に換算するとエサ代は数十億にもなり、しかもそのお金を工面したのは江戸の住民だったのだ。

このように、「悪法」の異名を持っていた生類憐みの令だったから、綱吉が「この法だけは自分の死後も存続させるように」と言い残したにもかかわらず、死後十日ほどで廃止されることになった。ただし、一説によると、この法令が出されたおかげで命に対する大切さが広まり、人殺しが減ったともいわれている。

ちなみに、中野の犬小屋の跡地は、八代・徳川吉宗《よしむね》の頃に桃園に変えられ、庶民の憩《いこ》いの場となったのであった。なお、中野の犬小屋の名残は、中野区役所前に残る犬のオブジェのみとなっている。

蒙古襲来後、日本とモンゴルでどんなことが起こった?

十三世紀、ユーラシア大陸の大部分を手中に収めたのがモンゴル帝国である。その勢力は、創始者であるチンギス・ハンの孫、フビライ・ハンの時代に頂点に達し、国号を元《げん》と定めると、日本に対して朝貢を求めるようになった。だが、当時の鎌倉幕府執権《しっけん》・北条時宗《ほうじょうときむね》はこれを拒否したため、一二七四(文永十一)年、元が三万の兵で対馬《つしま》・壱岐《いき》、そして博多湾へ攻めてきた(文永の役)。これがいわゆる「蒙古襲来」のはじまりである。

蒙古襲来は二度にわたって行なわれ、二度目は前回の七年後の一二八一(弘安四）年のことであったが（弘安の役）、「神風《かみかぜ》」と讃えられる暴風雨が吹き荒れたことが幸いし、一四万ともいわれる元軍は壊滅。日本は水際で侵攻を食い止めた。なお、このときの日本の対応について、一般的には神風によって自然に元軍を追い払うことができたと理解されることがあるが、実はそうではなく、元寇防塁《げんこうぼうるい》を築くなど、時宗率いる幕府の周到な準備が功を奏したといえるだろう。

では、蒙古襲来のあと、日本とモンゴルではどのようなことが起こっていたのだろうか。

時宗がその後行なったのは、戦で命を落とした武士たちを弔うことであった。そのために建てられたのが円覚寺《えんがくじ》（神奈川県鎌倉市）で、弘安の役の翌年に無学祖元《むがくそげん》を開祖として、蒙古襲来における殉死者を敵味方の分け隔《へだ》てなく平等に弔ったのだった。時宗も、元軍との戦いに疲れ果てたのか、一二八四（弘安七）年四月、三十四歳という若さでこの世を去っている。

一方、元軍はというと、実は三度目の日本侵攻を計画していたものの、べトナムやインドネシアへの侵攻に失敗して求心力を失い、フビライも一二九四年に没した。モンゴル帝国が崩壊する半世紀前の出来事であった。

ちなみに、フビライに厚遇されて元に十七年も滞在していたのが旅行家マルコ・ポーロで、彼の体験がもとになって著された『東方見聞録（世界の記述）』は日本を「黄金の国」と紹介し、ヨーロッパ人を航海へと導く大きな原動力となったことは特筆すべきことであろう。

大坂夏の陣のあと、豊臣秀頼は生き延びていた!?

一六一五（慶長二十）年五月八日、大坂夏の陣で追い詰められた豊臣秀頼《とよとみひでより》は、母・淀殿《よどどの》や二十余人の側近とともに、大坂城本丸の北に位置する山里丸の糒蔵《ほしいぐら》で自害して果てた。ここに豊臣家は滅亡し、実質的な徳川家の天下が幕を開ける。

徳川家康《いえやす》が孫娘（千姫《せんひめ》）の婿である秀頼を死に追いやったのには、秀頼に対する「恐れ」があったとする見方がある。一六一一（慶長十六）年に家康が秀頼と二条城にて会見したとき、家康は秀頼の成長に威圧感を感じたに違いない。秀頼の体格は六尺五寸（約一九七センチ）もあり、身長が一六〇センチ余りだった家康からは見上げるほどであっただろう。

また、このとき家康はすでに齢七十を迎え、当時十九歳だった秀頼の今後の伸張に、もしかしたら徳川家の崩壊が重なって見えたかもしれない。だからこそ、孫娘の婿であっても、豊臣家の跡継ぎである秀頼はこの世から葬り去る必要があったのだ。

ところが、後年になって、ある噂がはびこることになる。なんと、秀頼は大坂城を脱し、生き延びたというのだ。その証拠に、鹿児島県鹿児島市には秀頼のものと伝わる墓が建っている。しかも、秀頼の墓は二つもあるのだ。

一つは鹿児島市谷山中央四丁目にあるもので、高さが二メートルにもなる宝塔《ほうとう》である。まるで生前の秀頼の体躯《たいく》を模したような、堂々とした墓である。

もう一つは鹿児島市上福元町にあるもので、木之下川のほとりに二塔建っている供養塔がそれである。地元に言い伝えられているところでは、落ち延びた秀頼の遺体ははじめ木之下川のほとりに埋葬されたが、のちに前者の位置に改葬されたらしい。

『備前老人物語』によれば、秀頼は大野治長《おおのはるなが》の指図によって大坂城から脱出させられ、織田有楽斎《おだうらくさい》が船底に秀頼を匿《かくま》って河口まで運び、加藤清正《かとうきよまさ》の息子・忠広《ただひろ》が別の船に乗せ替えて肥後国（現・熊本県）まで運び、その後薩摩国（現・鹿児島県）にたどり着いたという。

薩摩は島津氏の領地だが、島津氏といえば関ヶ原の戦いにおいて家康と戦った相手であり、つじつまの合う話ではある。

だが、史実では秀頼は大坂城で自害したことになっており、その後、京都に潜伏していた秀頼の遺児・国松も捕えられて、六条河原にて斬首に処されている。また、秀頼の娘は尼にされた。これで、家康は豊臣家を根こそぎ滅ぼしたことになる。

歴史のうえでは徳川家の安泰はここに保証されたが、真実はどうだったのだろうか？

実は、還暦間近になってから民俗学に没頭した柳田國男

「日本民俗学の父」と讃えられ、日本民俗学会初代会長として後進をよく指導した民俗学者・柳田國男《やなぎたくにお》。

実は、彼が民俗学者としての道に没頭し、『桃太郎の誕生』『地名の研究』『先祖の話』『民俗学辞典』などの代表作を著したのは一九三〇（昭和五）年に東京朝日新聞社の論説委員を辞任して以降のことである。柳田はこの時点で五十五歳になっていた。

柳田の代名詞ともいえる『遠野《とおの》物語』を上梓したのは一九一〇（明治四十三）年のことだから、それ以前の出来事ではあるが、民俗学に全精神を注ぎ

込んだのが人生の半ばをとうにすぎた後半生だったというのは意外な事実ではないだろうか。

だが、ある日突然柳田が民俗学に目覚めたわけではもちろんなく、『遠野物語』を著したときは法制局参事官および内閣書記官記録課長として働いていた三十五歳のときであった。

つまり、五十代を迎えるまでにすでに柳田の民俗学者として資質は十分に開花していたのである。

しかし、元来柳田は病弱であったようで、近い将来訪れるであろう「死」というものに対して少なからず関心を抱いていたようだ。

その「死後の世界」への興味が、座敷童《ざしきわらし》やオシラサマといったような、日本に古くから伝わってきた日本古来の土着の神様を調査することへと繋がったともいえる。

死を意識していた柳田は、生前にすでに自分の葬られるべき場所を決めており（春秋苑〈神奈川県川崎市〉）、一九六二（昭和三十七）年八月八日、心臓衰弱により八十七歳でこの世を去るとそこへ埋葬された。

柳田の遺作は『海上の道』という本で、死の前年の刊行。日本人がどのようにして現在の日本列島に渡来してきたのかという、いわば日本人の「グレート・ジャーニー」を解明しようとしたものであった。

現在もなお、日本人を理解するための研究書として柳田の多くの著作が用いられているのはいうまでもない。

死後、脳を保存された日本画の巨匠・横山大観

明治以降の日本画壇の巨匠として、いまでも衰えない人気を誇っているのが横山大観《よこやまたいかん》である。

東京・六本木に二〇〇七（平成十九）年にオープンした国立新美術館において、日本画家として最初に展覧会が開かれたのが大観であったことを考え

ても、平成になっても高い集客力を保っていることが読み取れる。

東京美術学校（現・東京藝術大学美術学部）に第一期生として入学し、岡倉天心《おかくらてんしん》の薫陶《くんとう》を受けた大観は、下村観山《しもむらかんざん》や菱田春草《ひしだしゅんそう》らとともに新たな日本画を生み出す努力を重ねる。そして考え出されたのが、線描を用いない「朦朧体《もうろうたい》」といわれる描法だったが、当時は画期的すぎてあまり評価されなかった。時代を何年も先取りしていたのが大観らであった。

その後、師・天心の死後は再興日本美術院を主宰したり、「瀟湘八景《しょうしょうはっけい》」（一九一二年）、「游刃有余地《ゆうじんよちあり》」（一九一四年）、「生々流転《せいせいるてん》」（一九二三年）、「夜桜」（一九二九年）といった大作のほか、多くの富士を題材として描いている。

大観が亡くなったのは一九五八（昭和三十三）年二月のことであった（享年九十）。

さて、そんな巨匠・大観であるが、実は死後、彼の脳は保存されることになった。それは、先述のような大作を多数描いた彼だから、その脳を保存しようという動きが主治医らから起こったためである。

執刀した医師によれば、大観の脳は萎縮の程度が六十歳前後で、目方も日本人の男性の平均を上回り、血管に動脈硬化が見られることもなかったという。つまり、大観の脳は実年齢よりも三十歳ほど若かったのである。

生涯を通して酒好きだった大観は、危篤状態にあったときでさえ酒を数滴口に含ませると回復の兆《きざ》しを見せたとも伝わるが、大観の脳の分析結果を見ると、「不摂生《ふせっせい》とは何か」ということさえ考えさせられてしまいそうである。

晩年の横山大観。酒好きで、酔うと機嫌よく歌い出したという（国立国会図書館蔵）

現在、大観の脳は夏目漱石《なつめそうせき》、斎藤茂吉《さいとうもきち》らとともに、東京大学医学部に保存されている。

大津事件を裁いた児島惟謙は賭博スキャンダルで失脚した!?

一八九一（明治二十四）年五月十一日、当時の日本を震撼《しんかん》させる事件が勃発する。ウラジオストックにて催されるシベリア鉄道の起工式に出席する際、日本に立ち寄ったロシア皇太子・ニコライ（のちのニコライ二世）が大津町（現・滋賀県大津市）で警衛中の滋賀県巡査・津田三蔵《つださんぞう》に頭部を斬りつけられ、負傷したのだ。

津田はロシア皇太子の来日を、ロシアによる日本征服の端緒であると捉え、事件を起こしたのだった。この事件は「大津事件」（湖南《こなん》事件とも）と呼ばれ、明治中期の日本を襲った大事件として記憶されている。

この大津事件を裁いたのが大審院院長・児島《こじま》惟謙《いけん》である。大審院はいまでいう最高裁判所のことだが、事態の大きさから日本の皇室に対する罪として捉えて「津田を極刑（死刑）にすべし」という松方正義《まつかたまさよし》内閣の要請を、「外国の皇族なので、一般の殺人罪しか適用すべきでない」と児島は突っぱね、結局津田を無期懲役の刑に処した。

このことにより、児島は法を遵守したということから「護法の神」として讃えられることになったのだった。

坂本龍馬や五代友厚とも交わった児島惟謙（国立国会図書館蔵）

ところがこのあと、児島にスキャンダルが持ち上がる。児島をはじめとする七人の大審院判事が花札賭博《とばく》をしていたというのだ。確かに児島らは花合わせをしたことは認めたが、金銭を掛けた事実はなかった。つまり児島は、大津事件の判決に対する意趣返しで、反児島派からハメられたのである。

一八九二（明治二十五）年七月、児島は懲戒裁判のすえ無罪となったが、事件の責任を問われて辞任。児島が大審院院長に就いていたのは、わずか一年三か月であった。

その後、児島は貴族院議員、衆議院議員など、十一年以上にわたり帝国議会議員を務めるが、あまり活発に政治活動を行なっていなかったようで、政治家としての児島の評価はそれほど高くはない。

なお、冒頭に述べた「護法の神」としての児島の評価だが、事件に際し、自身は事件を担当していないにもかかわらず、担当判事を個別に呼び、自分の説に賛成するように迫ったといわれる。こうなると、児島は「裁判所の独立」を自ら犯したことになり、「護法の神」とはいえないのではないか、と考える識者もいる。

大津事件で犯人を取り押さえた二人の車夫のその後

大津事件については前項の冒頭で少し述べたが、実はこの事件の関係者についても興味深い「その後」があった。

津田三蔵がロシア皇太子・ニコライに斬りつけたとき、犯人である津田の捕縛に貢献したのは皇太子の車夫をしていた向畑治三郎《むこうはたじさぶろう》と北賀市市太郎《きたがいちいちたろう》という男であった。

向畑は津田の両足を引き倒し、北賀市は津田の剣を取り上げたうえでその頭部と背中を斬りつけている。

そして事件収束後、二人は皇太子を窮地から救った英雄として表彰されることとなったのだった。二人はロシア皇帝より勲章と二五〇〇円の一時金に加え、毎年一〇〇〇円の年金を贈られることになった。また、ロシア政府のこの手厚い対応に対して、明治政府も二人に勲八等白色桐葉章と年金三六円を授与している。

大津事件によって一介の車夫が一日にして有名人となってしまったわけだが、その後の二人の人生をたどってみると、両極端の生涯を送っていたことがわかる。

まず先に、北賀市市太郎から紹介することにしよう。北賀市は常識人であったらしく、事件後は郷里の石川県江沼郡大聖天町（現・石川県加賀市）に戻り、下賜《かし》されたお金で田畑を購入、一九〇〇（明治三十三）年には江沼郡会議員に当選している。

その後、北賀市は一九一四（大正三）年に五十五歳で死去しているが、ロシア政府からの年金が日露戦争中にも支払われていたため、「露探《ろたん》」ではないかと疑われたという。露探とは当時流行した言葉で、「ロシアのスパイ」という意味である。

さて、一方の向畑治三郎だが、この男がいけない。

実は、向畑は窃盗や暴行などの罪で服役したことのある前科者で、事件後は職を点々と変え、少女暴行事件を引き起こしていたのだ。これによって向畑は授与された勲章を剥奪《はくだつ》されている。そして、一九二八（昭和三）年、七十四歳でこの世を去っている。

また、楠精一郎『児島惟謙』（中央公論社）によれば、犯人の津田を捕えるのに尽力した車夫は向畑と北賀市のほかにもいたといい、車夫の中で最初に津田の行動を取り押さえようとしたのは和田彦五郎で、倒れた津田を取り押さえたのは西岡太郎吉であったという。

なぜ和田と西岡が表彰の対象とならなかったのかについては不明だが、二人が一時金や年金をもらっていればまた違った人生を歩むことができたと考えると、何とも損な役目であったといえる。

晩年はボーイスカウトに力を注いだ後藤新平

二〇一一(平成二十三)年三月十一日の東日本大震災をきっかけに、その業績と指導力が再評価された政治家がいる。それが、後藤新平《ごとうしんぺい》である。

後藤が再評価されたのは、一九二三(大正十二)年九月一日に起こった関東大震災の際、内務大臣と帝都復興院総裁を兼務しながら復興予算計画をつくりあげ、わずか四か月で復興予算を帝国議会に通したことだ。

それまで、内務大臣、逓信《ていしん》大臣、外務大臣、鉄道院総裁、東京市長などを歴任した並々ならぬ指導力を持った後藤だからこそできた離れ業であった。

関東大震災後、すぐさま「被災地全域買い上げ計画」を打ち上げるなど、

「大風呂敷」と揶揄《やゆ》されたこともあった後藤だが、得てして彼の計画は荒唐無稽《こうとうむけい》な策ではなく、実現可能な範囲でのことであった。「後藤新平のような政治家が平成の世にいたらいいのに」といわれるのは、これらのことによるものである。

関東大震災後の東京復興計画を立案した後藤新平（国立国会図書館蔵）

だが、後藤が内務大臣として在任していた第二次山本権兵衛内閣は同年十二月二十七日に起きた虎の門事件（摂政裕仁《ひろひと》〈のちの昭和天皇〉への暗殺未遂事件）によって総辞職せざるをえなかった。後藤の復興計画は、彼とともに意欲的に取り組んだ官僚や技術者などに受け継がれていくこととなる。

では、その後、後藤はどうなったのだろうか。

これほど有能な後藤であったが、内閣総辞職による退任を機に政治活動からは離れた。

とくに熱心に活動したのは、なんとボーイスカウトであった。

後藤とボーイスカウトとの繋がりは関東大震災の前年からあったが、子どもが好きだった後藤は東京市長退任時の慰労金（一〇万円）も惜しまず少年団日本連盟に寄附したりなどしていた。星亮一『後藤新平伝』には、後藤のこんな言葉が書かれている。

「自分は子供を先生だと思っている。そうでなければ、こんな老人と子供は遊んでくれないよ。だから子供が一緒に遊んでくれるのさ」

後藤は少年団日本連盟の総裁（のち総長）として、子どもたちとともに京都や中国、九州などを旅行して回った。

しかし、関東大震災のときにすでに六十七歳だった後藤に、それほど時間は残されていなかった。一九二六（大正十五）年二月に脳溢血《のういっけつ》を軽く患《わずら》うと、翌年八月に再発し、一九二九（昭和四）年四月に三度目を発症。ついに帰らぬ人となった。

後藤は最初の脳溢血を患ってからも厳冬期のソ連を訪問して日ソ関係の進展に尽力するなど強靱《きょうじん》な精神力を見せたが、三度もの発症には耐えられなかった。

「天真院殿祥山棲霞大居士」との戒名を付けられた後藤新平は、現在、青山霊園（東京都港区）に眠っている。

お気に入りの掛け軸の前で逝った出光佐三

昨今刊行された歴史経済小説の主人公となったことで再注目を浴びること

になった人物が、出光《いでみつ》佐《さ》三《ぞう》である。

神戸高等商業学校（現・神戸大学）を卒業後、一流企業へ就職することはせず、神戸の酒井商会で丁稚奉公《でっちぼうこう》し、石油と小麦粉の商いを学んだ佐三は、一九一一（明治四十四）年、二十五歳のときに独立して出光商会を創立した。

その後、第二次世界大戦にてそれまで築いてきた海外資産のすべてを失うが、利をむさぼることをせず、社員を一人の人間として信頼する経営哲学によって見事再建し、後継に繋いだ。

出光の言葉がいまでもありがたがられているのは、その温かい眼差しによるものなのだろう。

では、佐三の最期は果たしてどのようなものだったのだろうか。

一九七〇（昭和四十五）年、八十六歳のとき、会社の急激な伸張・発展に、起業時の精神がついていっていないと感じた佐三は檄《げき》を飛ばし、「若い人への遺産相続」をすませていた。

そして、それから十一年後の一九八一（昭和五十六）年三月六日、腹部に激しい痛みを感じた佐三は、主治医にいったんは診てもらったものの、翌日に容態が急変し、急性心不全にて亡くなった（享年九十五）。

このとき、佐三の亡骸の側には最近入手したばかりの江戸後期の禅僧・仙《せん》崖《がい》の「双鶴画賛」があった。佐三がとても好きだったのが仙崖の書画で、仙崖という名前が一般的に知られるようになったのは佐三のおかげといっても過言ではなかった。

この「双鶴画賛」に書かれている賛がまた面白く、「鶴ハ千年　亀ハ万年　我れハ天年」という長寿をよろこぶものであった。まさに、九十五歳で逝った佐三に似つかわしい書画といえる。

なお、佐三のコレクションは出光美術館（東京都千代田区丸の内。一九六六年開館）に収められており、日本の書画のほか、日本や中国の陶磁器をはじめとする東洋美術、ルオーやムンクなど海外の画家の作品などを楽しむことができる。

坂本龍馬暗殺の真犯人と黒幕はいったい誰なのか？

幕末、いや、日本史史上、最大のミステリーといえるのが、一八六七（慶応三）年十一月十五日に発生した「近江屋《おうみや》事件」、いわゆる「坂本龍馬・中岡《なかおか》慎太郎《しんたろう》暗殺事件」である。

この事件に関しては、事件後からさまざまな憶測が飛び交い、薩摩藩説、土佐藩説、紀州藩説（いろは丸沈没にまつわる復讐説）、新選組説、そして近年には驚くべきことにフリーメイソンによる陰謀説まで出る始末であった。

では、その後、坂本龍馬の暗殺犯は解明されたのだろうか。

実は、最近広くいわれているのが、京都見廻組《みまわりぐみ》による犯行説である。

これは、明治に入ってから自分が実行犯であることを告白した元京都見廻組の今井信郎《いまいのぶお》の手記によるものだから、実際には古くから真犯人の候補と考えられてきたのだが、以降、それほど確証をもって語られてきたわけではなかったようだ。

だが、史料をよく精査してみると、薩摩藩説や土佐藩説、新選組説などは成り立たないことが確実となり、京都見廻組による犯行説というシンプルな結論に落ち着いたようである。

一八七〇（明治三）年に今井信郎が明治政府に供述したことによると、龍馬を斬った刺客は七人。佐々木只三郎、渡辺吉太郎、高橋安次郎、桂早之助、土肥仲蔵、桜井大三郎、そして今井信郎である。

ところが、今井の供述は間違いであったようで、元見廻組の渡辺篤が明治末期に記した記録により、自身の犯行を認めていた。

また、渡辺の証言によれば、近江屋の犯行現場に刀の鞘を忘れていった人物は世良敏郎《せらとしろう》であるとされたが、この男もまた後年の調査によって実在していた人物であることが判明し、それまでの調査を総合すると、佐々木只三郎、渡辺篤、世良敏郎、今井信郎の四人が龍馬と中岡を襲った真犯人であったと結論づけることができる。

では、龍馬と中岡の暗殺の黒幕は誰かといえば、今井が妻に語った証言や、佐々木只三郎の兄で会津藩の公用人を務めていた手代木《てしろぎ》勝任《かつとう》の証言から考えるに、会津藩主・京都守護職の松平容保《まつだいらかたもり》であるとされる。

龍馬を亡き者にしようとした理由は、やはり龍馬が倒れる寸前の幕府にとってみれば危険人物以外の何者でもないということに尽きるだろう。

佐幕《さばく》派の筆頭として倒幕だけは避けたいとする会津藩の容保にとって、倒幕に向けて暗躍する龍馬は邪魔者でしかなかったといえる。

しかし、である。この説はほぼ確実とはいえ、「歴史は生き残った者によって記録される集積」であることもまた事実なのだ――。

アメリカへ戻ったマッカーサーはその後どうなった？

第二次世界大戦における日本の無条件降伏後の一九四五（昭和二十）年八月三十日午後二時五分、ダグラス・マッカーサーは連合国軍最高司令官として厚木飛行場に降り立った。

開襟シャツにレイバンのサングラス、そして口にはコーンパイプ。その姿はまさに、「先進国」アメリカを象徴するものであった。

さて、日本の民主化と非軍事化を実現していったマッカーサーだが、「アメリカ政府や国連の公務に対して心から支持していない」という理由でトルーマン大統領から解任され、一九五一（昭和二十六）年四月十六日に羽田飛行場から帰国したあと、どのような人生を送ったのだろうか。

全米各地で熱狂的な歓迎を受け、議会で「老兵は死なず、ただ消えゆくのみ」というあまりにも有名すぎる演説をした彼だったが、「消えゆく」思いは微塵《みじん》も持ち合わせておらず、実は対日政策の成果をひっさげて、帰国の翌年に行なわれる大統領選に打って出ようとしていたのだ。

マッカーサーの解任当時、アメリカ国民は英雄である彼の職を解いたトルーマン大統領に対して非難の目を向けており、マッカーサーもその世論を基盤にしていたが、「マッカーサー・ブーム」も長くは続かなかった。同年の共和党大会において、彼が大統領候補に推されることもなかったのだ。

一九五二（昭和二十七）年七月には民間企業のレミントンランド社の取締役会長に就いたが、これは名誉職ともいえるもので、政治・軍事の世界でなおも活躍しようと考えていた彼にとっては何もえるものはなかったといってよい。

一九六二（昭和三十七）年、陸軍士官学校において陸軍大学の最高勲章であるシルバナス・セイヤー・メダルを贈られたが、ほどなく胆のうを患い、二年後には入院を余儀なくされ、同年四月五日、ワシントンのウォルターリード陸軍病院にて亡くなった（享年八十四）。

第2章

意外な生きざまを送った
あの人物の「その後」

帰国後、幕臣に取り立てられた漂流者・ジョン万次郎

ジョン万次郎（中浜万次郎）の人生が大きく転換したのは、一八四一（天保十二）年、十四歳のときのことだった。仲間とともに漁に出た万次郎は遭難し、数日間漂流ののち、太平洋に浮かぶ無人島の鳥島《とりしま》へ漂着。それから一四三日後、アメリカの捕鯨船「ジョン・ホーランド号」に仲間とともに助けられ、アメリカへ日本人としてはじめて渡ることになったのだ。

彼の通称である「ジョン万次郎」の「ジョン」とは、救助された船の名前に由来するものである。

アメリカで航海術などを学んだ万次郎が再び祖国の土を踏むのは、遭難から十二年後の一八五三（嘉永六）年のことだが、その後、万次郎はどのような生涯を送ったのだろうか。

帰国後、日本語をほとんど覚えていなかった万次郎であったが、蘭学に通じていた絵師の河田小龍《かわだしょうりょう》に引き取られてアメリカでの生活を話すうちに思い出し、河田にアメリカで見聞きした鉄道、電信機、政治情勢、選挙制度など、さまざまなことがらについてその実態を語ることになる。ときは幕末の混沌とした時代。ペリーも黒船を率いて日本の開国を唱えていたから、万次郎の頭の中に詰め込まれた情報は、当時の日本にとっては大変貴重な情報であった。

その後、高知城下の藩校「教授館」の教授に就いて後藤象二郎《ごとうしょうじろう》や岩崎弥太郎《いわさきやたろう》などといった生徒を指導した万次郎は、幕府に招聘《しょうへい》され、江戸へ。そこで直参旗本《じきさんはたもと》、つまりは幕臣となって、翻訳や通訳として活躍する。万次郎が故郷の名前である「中浜」を姓として賜《たまわ》ったのは、このときのことだ。

さらに一八六〇（万延元）年には咸臨丸《かんりんまる》に乗り組み、日米修好通商条約の批准《ひじゅん》書を交換するための海外使節団に参加したり、維新後の一八七〇（明治三）年には普仏戦争視察団の一員としてアメリカ経由でヨーロッパへ渡ったりしている。このとき、ニューヨークに滞在した万次郎はフェアヘーブン（マサチューセッツ州）へと足を伸ばし、かつて自分を救助してくれたホイットフィールド船長に再会を果たしている。

だが、万次郎はヨーロッパ滞在中に足の潰瘍《かいよう》が悪化して帰国せざるをえず、加えて脳溢血《のういっけつ》を発症するなどの病気に襲われるようになる。晩年の六十二歳のときには船を買って小笠原まで出掛けることもあったようだが、一八九八（明治三十一）年十一月、脳溢血でこの世を去った。なお、万次郎の故郷・土佐清水市は万次郎の縁により、先述のフェアヘーブンとともに、ニューベッドフォード（マサチューセッツ州）、豊見城《とみぐすく》市（沖縄県）とも姉妹都市盟約を締結している。万次郎が結んだ縁は、いまだに活かされているのだ。

「利休変身説」は真実か？　明智光秀の数々の「その後」

本能寺の変にて主君・織田信長を討ち、その報いとして羽柴（豊臣）秀吉に敗れた戦国武将・明智光秀《あけちみつひで》。一般的に伝えられている彼の最期は、山崎の戦い（一五八二年）で秀吉軍に大敗を喫したのち、居城である坂本城へ向かう途中、小栗栖《おぐるす》（現・京都市伏見区）の竹藪《たけやぶ》で土民に襲われて致命傷を負い、自刃《じじん》したとするものだ。

ところが、この通説のほか、光秀のその後にはさまざまなミステリーが存在しているのである。

有名なところでは、光秀が山崎の戦いのあとも生き延びて、天海僧正《てんかいそうじょう》ないし千利休《せんのりきゅう》に姿を変えたとするものだ。天海は江戸初期の天台宗の僧侶で、徳川家康の帰依《きえ》を受けた人物であるが、実はその前半生は未詳である部分が多く、推測される生年が光秀と近いことからそのように語られるようになったようだ。

また、光秀の位牌や木像などが納められているのは慈眼寺《じげんじ》（京都市右京区）だが、天海の諡《おくりな》（死者に贈る名）こそ「慈眼大師」である。前半生が詳《つまび》らかでないにもかかわらず、家康が帰依したことも、天海の正体が光秀だからこそつじつまが合うとされている。

一方、千利休説はどうか。利休もまた、その生涯に謎の部分が多い人物で、光秀に茶の心得があったことや、光秀の没年（一五八二年）と利休が歴史上に登場する年（一五八五年）が極めて近いことなどが、「光秀＝利休」であることの証《あかし》であるとしているのである。

さらに、光秀の最期を知るうえで重要なのが、岐阜県山県《やまがた》市の中洞《なかほら》という地にある光秀の墓である。同地の白山神社の一角に建つ「桔《き》梗《きょう》塚《づか》」がそれだ。中洞に代々伝わる話によれば、京都の小栗栖で死んだのは光秀の影武者・荒木山城守行信で、光秀は荒深又五郎（小五郎とも）と名前を変え、中洞へと落ち延びたのだという。

又五郎はその後、なんと関ヶ原の戦い（一六〇〇年）で東軍として参加し、活躍したが、増水した藪川《やぶかわ》（根尾川）を戦の途中に渡ろうとしたところ、馬とともに押し流されてこの世を去る。その後、又五郎の遺体は影武者であった行信の子の吉兵衛によって持ち帰られ、中洞に埋葬されたという。

武芸に秀でた戦国武将・明智光秀が一介の土民によって脇腹を刺され、致命傷を負うという、いわば出来すぎた最期も、よくよく考えてみれば謎が多い。光秀の最晩年が解明される日は果たしてくるのだろうか？

富士の裾野の開墾から英語塾経営まで！社会事業に尽力した清水次郎長

「街道一の大親分」と称された清水次郎長《しみずのじろちょう》。若くして博徒《ばくと》に身を投じたが、明治維新後は心機一転、渡世人《とせいにん》としての荒《すさ》んだ生活を改めている。

次郎長が生まれ故郷の静岡のために尽力したことがらとして真っ先に挙げられるのが、富士の裾野の開墾である。次郎長が静岡県令・大迫貞清《おおさこさだきよ》や山岡《やまおか》鉄舟《てっしゅう》から、富士山の裾野の荒れ地を開墾することを勧められたのは一八七四（明治七）年のことであるが、このとき次郎長は静岡監獄の江尻《えじり》支所から懲役

刑の囚人を集めて開墾をはじめた。

実際に作業を指揮したのは次郎長の養子となった天田五郎《あまだごろう》という人物で、結局事業を完遂させることはできなかったものの、この土地はのちに民有地として払い下げられ、再び開墾が開始されることになる。なお、この土地は現在、「次郎長町」という名前が付けられているのが歴史を感じさせてくれて興味深いところだ。

また、開明的だった次郎長は、回漕問屋の松本平右衛門《へいえもん》との付き合いから、「これからは蒸気船の時代がくる」と考え、そのほかの回漕問屋の主人たちに波止場《はとば》の建設を説いてまわる。

こうして清水港の波止場や繋船場《けいせんば》が築かれ、清水港は貿易港として繁栄を見るようになるのである。

さらに、開墾の土地を譲り受けてくれた横浜の貿易商・高島嘉右衛門《たかしまかえもん》が英語学校を開いたことを耳にすると、すぐさまそれに刺激を受け、アメリカ人を雇い入れて船宿「末広亭」の一部を教室に仕立てて英語塾を開いている。渡世人時代とは真逆の生活がそこにはあった。

このとき、次郎長を慕って清水港を訪れる若い海軍士官も少なくなかったようである。

晩年はどてらを着て縁側に腰をかけ、子どもたちの相撲を眺めて目を細める好々爺《こうこうや》になった次郎長。意外にも波瀾万丈な人生であった。

誤解から男を斬り付け、獄中死した平賀源内

日本初の物産展を催し、エレキテル（オランダ伝来の摩擦起電装置）を復元・製作するなど、天才の名をほしいままにした平賀源内《ひらがげんない》。源内が最初に頭角を現したのは本草《ほんぞう》、つまり薬草となる植物に関する学問においてだった。何事にも興味を示し、人よりもデキてしまう源内は、齢五十を前にして人気の絶頂にあった。

ところがその後、源内を取り巻く状況は一変する。

そのきっかけとなったのが源内の弟子ともいえる弥七《やしち》という職人が、玉細工職人の忠左衛門《ちゅうざえもん》と手を組み、エレキテルの製作のためとして資金集めを画策したことである。これはもちろん源内の知らないところで起きたことであり、そう簡単にエレキテルを製作できるはずもない。そのため、これを詐欺《さぎ》

であるとして「源内は山師《やまし》だ」という噂がはびこることになったのである。

この辺りから源内は精神を病むようになったのか、亡霊が現れるという噂のある神田の家屋敷を購入して住み込んだこともあった。知人がそのことを指摘すると、「私は亡霊に遭ったことがないので、ぜひ見てみたい」といって引き下がらなかったという。

そして、事件は起こった。源内の出身地である高松藩の家老・木村黙老《もくろう》が著した『聞まゝの記』によれば、一七七九（安永八）年十一月のこと、ある大名の別荘を修理する際、見積りに関して仲間の男と源内の意見は対立していたが、何とか普請《ふしん》計画書はまとまった。気をよくしたのか、二人は源内の家で酒盛りをするが、翌日源内が目を覚ますと計画書がなくなっていた。「あの男が盗んだに違いない」と憤《いきどお》った源内は、逆上。なんと、仲間の男を斬りつけてしまうのである。異説によれば、源内が斬りつけたのは二人で、そのうちの一人がのちに亡くなったといわれる。いずれにせよ、源内は殺人犯となったわけだ。

だが、計画書はその後見つかる。つまりは源内の誤解だったのである。そのため、切腹しようとしたが死に切れず、役人に捕えられて小伝馬町《こでんま》の獄舎に連行され、同年十二月、破傷風がもとで獄中にて死んだ。

もしも源内が六十、七十まで健康に生き長らえていたら、もっと多くの発明をしていたに違いない。また、源内は日本初の油絵を描いた人物でもあったから、洋画家としても能力を発揮していたのではあるまいか。

リヤカーに乗って法廷に現れた満洲国建国の立役者・石原莞爾

陸軍軍人・石原莞爾《いしわらかんじ》という名前を聞けば、まず思い浮かぶのは「満洲国」であろう。

満洲事変（一九三一年）の一連の計画や、満洲国という新国家の建国は彼自身が考え出したものでもないし、彼一人がそれらに付随する作戦を決行したわけでもなかったが、柳条湖《りゅうじょうこ》事件における南満洲鉄道線の爆破を準備したうちの一人は確かに石原だったし、アメリカとの最終戦争に向けて満洲国にユートピアを築こうとしていたのも石原である。石原と満洲国が結び付けられて捉えられているのには、そのような背景もあるものと思われる。

山形県酒田の出張法廷にリヤカーに乗って出廷した石原莞爾（鶴岡市郷土資料館蔵）

だが、石原は戦争終結のはるか前、東《とう》条英機《じょうひでき》と反目したことが理由となって陸軍を追われ、一九三八（昭和十三）年八月には満洲国から帰国しており、三年後には現役を追われて予備役に編入されている。予備役に追われたのも東条の指図によってであった。

表舞台での石原の活躍はここまでであるが、では、このあと石原はどのような人生をたどったのだろうか。

戦後、石原は、本来ならば東京裁判（極東国際軍事裁判）にかけられるところではあるが、先述の通り、東条と反目していたことが情状酌量《じょうじょうしゃくりょう》され、戦犯とはならなかった。これに対し、石原は裁判を混乱させる意図を持って、「俺を戦犯にしろ」と叫んでいたらしい。

一九四七（昭和二十二）年五月に行なわれた東京裁判の酒田法廷に際しては、静養先からリヤカーに乗って出廷し、イギリス検事の質問に対してはつかみ所のない言葉を山形弁で返し、法廷を爆笑の渦《うず》に巻き込んだ。なお、石原の回答に関しては検閲を通ったものはほとんどなく、その詳細は伝えられていない。

一九四九（昭和二十四）年八月十五日、石原は膀胱《ぼうこう》がんによってこの世を去った。奇《く》しくも命日は、天皇の玉音《ぎょくおん》放送が流れてからちょうど四年後にあたっていた。

有能なばっかりに、無理矢理昇進させられた大岡越前

「大工調べ」「三方一両損《さんぽういちりょうぞん》」「五貫裁《ごかんさば》き」など、落語のネタ中に登場し、時代劇でもおなじみの「大岡越前《おおおかえちぜん》」。彼の本名は大岡忠相《ただすけ》といい、肩書から大岡越《えち》前守《ぜんのかみ》とも称される。

旗本の四男として生まれた忠相は書院番の役を仰せつかったことをきっかけとして順調に出世街道を歩み、一七一二（正徳二）年には伊勢山田の大廟を守護する山田奉行の地位に就いた。そこで忠相に目をかけたのが将軍になる前の徳川吉宗《よしむね》で、吉宗は忠相の能力をずっと前から高く評価していたのだった。

そして忠相が町奉行に抜擢《ばってき》されたのが一七一七（享保二）年のこと。もち

ろん彼を引き上げたのは、将軍となった吉宗であった。

さて、一般的に忠相の肩書は町奉行としてのものが有名だが、その後、彼はさらに出世し、一七三六（元文元）年には寺社奉行にまで昇進している。だが、実はこの昇進にはワケがあって、忠相が有能なばかりに寺社奉行にさせられてしまったというのが本当のところのようだ。

当時、町奉行であった忠相は金銀の相場をめぐって江戸の両替商と対立関係にあったが、どうにもらちが明かないので彼らを呼び出したところ、代理人を寄越してくる。

これに腹を立てた忠相は、代理人を牢屋にぶち込んだ。

忠相が寺社奉行に「栄転」したのは、そんな中での出来事だったのだ。このことにより、カネの力にモノをいわせた両替商たちが幕府の高官と密《ひそ》かに通じ、忠相を町奉行職から追いやったという説もある。

なお、寺社奉行は全国の寺社や寺社領を監督する役目だが、本来は年齢の若い譜代《ふだい》大名が就くはずの役職で、還暦を迎えようとしている忠相にとって

は場違いな役職であったに違いない。

そこで、吉宗はそんな忠相を哀れに思い、彼専用の詰め所をつくってやったという。

その後、一万石を拝領した忠相は大名に格上げされ、三河国額田《ぬかた》郡にて西大平藩（現・愛知県岡崎市）を居所とし、一七五一（宝暦元）年、七十五歳でこの世を去っている。

それは、自分を引き立ててくれた吉宗の死から半年あまりあとのことであった。

忠相は吉宗とともにこの世を生きた男であった。

『万葉集』編纂後、政争に巻き込まれた大伴家持

大伴家持《おおとものやかもち》は、現存する最古の歌集である『万葉集《まんようしゅう》』の編纂《へんさん》に関わったとされる奈良時代の公卿《くぎょう》・歌人で、『万葉集』の最後を飾る短歌「新しき年の始の初春の今日降る雪のいや重《し》け吉事《よごと》」は家持によるものである。

この歌は、七五九（天平宝字三）年正月元旦、因幡守《いなばのかみ》であった家持が国庁で儀礼に従い長官として元日の祝宴を張ったときに詠んだもので、「新年正月に降る雪は吉兆とされ、めでたく降り積もる雪のように、いよいよ吉事も重なることを願う」という意味である。

当時、橘奈良麻呂《たちばなのならまろ》の変（七五七年）によって家持の一族である大伴氏は、橘氏や佐伯《さえき》氏とともに中央政界から追いやられてしまっていた。藤原仲麻呂《ふじわらのなかまろ》を打倒するという計画は未遂に終わったのだ。

家持は、自身も名族としての大伴氏の末裔であるという自負から「族《うから》に喩《さと》す歌」を詠んで一族の軽卒な行動を戒めていたが、その願いは叶わず、自身も因幡守へと左遷されたのだった。先の歌は、そのような思いを抱いた家持が詠んだものであった。

その後の家持による歌は、伝わっていない。歌を詠むことをやめたのだ。

では、以降の家持はどうなったのだろうか。

実はその後も、家持は政争の渦《うず》に巻き込まれ、再び起こった藤原仲麻呂の暗殺計画（七六三年）においても、これに関与したと疑われて薩摩守に左遷されるなど、翻弄されている。

家持が中央政界に復帰したのは光仁《こうにん》天皇の御代《みよ》で、その後一度はまたもや謀議の嫌疑をかけられるものの、桓武《かんむ》天皇の御代の七八二（延暦元）年には陸奥按察使《むつあぜち》に任ぜられ、翌年には中納言に昇進し、持節征東将軍にもなったのだった。そして、一度も戦場へ出ないまま、七八五（延暦四）年八月、六十七歳でこの世を去った。

だが、家持への追及は彼の死後も止まなかった。彼の死の翌月、長岡京造営の推進者・藤原種継《ふじわらのたねつぐ》の暗殺事件に関わったとして、すでに没しているにもかかわらず家持は位階や勲位を剥奪《はくだつ》されたのだ。

しかも、土地や家財、蔵書などが没収されたうえ、遺骨まで暴かれる始末であった。結局、その後嫌疑は晴れ、八〇六（延暦二十五）年三月、家持は従三位に復され、名誉回復がなったが、それは家持の死後二十一年目のことであった。

なお、家持の死後に没収された品々の中には『万葉集』の歌稿も含まれていたともいわれる。もしそれが本当ならば、国の宝が一つ失われていたことになる。

戦後、ラオスで消息を絶った陸軍軍人・辻政信

陸軍軍人・辻政信《つじまさのぶ》ほど、毀誉褒貶《きよほうへん》の激しい人もいないかもしれない。
幼少の頃より軍人志向が強かった辻は、石原莞爾《いしわらかんじ》の後任として関東軍参謀になると、一九三九（昭和十四）年五月のノモンハン事件（日本軍とモンゴル・ソ連軍とのあいだの大規模な衝突事件）において、作戦参謀として強行作戦を決行。ソ連軍の優秀な機械化部隊の前になす術なく敗退するという失態を演じた。

ノモンハン事件は関東軍の最初で最後の本格的戦闘であったが、関東軍の弱さを露呈してしまったという意味では、戦争中のターニングポイントの一つになったともいえる。

天皇の玉音《ぎょくおん》放送が流れる前日の一九四五（昭和二十）年八月十四日には、突如僧侶に身を変えて逃亡。坊主頭に黒縁の丸眼鏡を掛けた辻は、その容貌から現地人に間違えられてもおかしくなかったため、タイ、ベトナム、カンボジア、ラオスを経て中国へ侵入することが可能で、戦後の一九四九（昭和二十四）年八月、日本へ無事に復員することができた。

さて、その後、辻はどうなったのだろう。

復員の翌年に戦犯指定を解除された辻は、一九五二（昭和二十七）年に故郷の石川県から立候補して衆議院議員に当選したのをはじめ、一九五九（昭和三十四）年には参議院議員となった。国家の中枢に再び籍を置くことを、辻は欲したのだ。

ところが、その二年後、辻は国会へ休暇願を提出し、単身ベトナムへと渡る。当時のベトナムでは戦争が行なわれていたことから、渡航の理由として戦争への関与が取り沙汰されたりした。また、戦前の逃亡中に逢った女性との逢瀬《おうせ》や、多くの部下を死なせたことに対する墓参のためなど、さまざまな憶測が流れた。それもこれも、辻の奇行を誰も理解することができないためだった。

そして、辻はラオスに消えた。辻の死亡宣告がなされたのは一九六八（昭和四十三）年七月二十日のことであった。

地元である石川県加賀市には辻を顕彰する像が建っているが、彼の生きざまを正確に理解することは、現在にいたるまで困難なことになっている。

戦国武将でもっとも長く生きた真田信之の悲しい晩年

真田《さなだ》信之《のぶゆき》は、時代や一族に翻弄されっぱなしの人生の持ち主である。

上野《こうずけ》国沼田城主・真田昌幸《まさゆき》の子として生まれた信之の人生が暗転しはじめるのは、青年だった一五八二（天正十）年に駿府の徳川家康の許へ人質として差し出されたときからである。

そして、天下分け目の合戦である関ヶ原の戦い（一六〇〇年）においては、父・昌幸と弟・幸村《ゆきむら》（信繁《のぶしげ》）が石田三成方の西軍に味方し、自らは家康率いる東軍に与した。

これは信之が以前より徳川家と縁が深かったことによるものだが、東軍と西軍のどちらが勝ってもいいように、つまり真田家を存続させるために親子が二手にわかれて相争ったともいえる。

さて、戦後は父と弟の助命嘆願に奔走した信之は、何とか沼田領九万石の大名として栄進を果たしたが、二代将軍・徳川秀忠《ひでただ》に睨《にら》まれ、権力を削《そ》ぐ魂胆から信州松代への移封となった。徳川家は、戦後になっても真田家の実力を恐れていたのだ。

さて、時代は下り、一六五二（承応元）年になった。

八十七歳を迎えた信之は、いまだ隠居の身となれずにいた。なぜなら、それは後継者に不安があったためで、それから五年後、信之はようやく隠居生活を正式に幕府に申し出て、許されている。松代領一〇万石は次男・信政《のぶまさ》に、沼田領は嫡男・信吉《のぶよし》の次男・信利《のぶとし》に譲り、自らは松代から一里ほど離れた隠居所に住み、剃髪して「一当斎《いっとうさい》」と名乗った。

ところが、まだまだ信之は安穏と隠居生活を送ることはできなくなった。

一六五八（明暦四）年、次男の信政が中風によって没してしまうのだ。このことにより、勢力の均衡に乱れが生じる。信政は跡目に五男・幸道を指名

するが、幸道はまだ二歳になったばかりの幼子であり、これに目を付けた信利が松代領を欲しがったのである。いわゆる、家督争いだ。

結局、信之が幸道側に付いたことから一件落着となったが、高齢にはキツい作業であった。信之の体は徐々に病にむしばまれ、同年十月、九十三歳で没した。

この年齢は戦国武将としては最高齢記録というが、戦国時代という激動の時代を生き抜いた者としては、本当に苦労の絶えなかった人生といえるだろう。

チベットから帰国後、中傷・誤解の嵐だった河口慧海

明治時代、日本人として最初期にチベットへ潜入した一人である元黄檗宗《おうばくしゅう》僧侶・河口《かわぐち》慧海《えかい》（本名は定治郎《さだじろう》）。慧海は僧侶の家に生まれたわけではない（父・善吉は樽職人）が、一八八〇（明治十三）年、十五歳のときに『釈迦伝』を読んで一念発起し、仏門に入った。

明治前半という時代は、日本人がこぞって海外へ渡っていった時代であり、また、仏教が学問として研究されるに際し、日本へ伝わってくる以前の仏教（原始仏教）が記されている仏典を手に入れようという動きが生まれていた。

そんな時代に生きた慧海は、その仏典が眠るとされるチベットへの潜入（当時、チベットは鎖国体制を布《し》いていた）を試み、一八九七（明治三十）年に日本を出航。カルカッタ、ブッダガヤ、カトマンズを経て、四年後の一九〇

一（明治三十四）年三月、チベットのラサに無事到着した。慧海はこのとき三十六歳という若さであったが、日本人のみならず世界の探検家が潜入を試みても失敗したチベットへの入国に成功したのであった。これは間違いなく、当時としては快挙以外の何物でもなかった。

さて、ラサで多くの仏典や仏像などを収集し、慧海が日本に舞い戻ったのは一九〇三（明治三十六）年五月のことだが、その後慧海はどうなったのだろうか。

帰国直後、新聞記事などに多く取り上げられ、注目されたまではよかったが、インターネットなどの情報網が発達していない時代ゆえ、「チベットに潜入して戻ってきたという慧海の話は果たして本当なのか？」という疑問がわき起こるのである。

もちろん、最初に疑問を呈したのは新聞なのであるが、一般市民も少しはこのような感情を持っていたといえなくもない。

また、慧海は講演を楽しくスムーズに進めることに長《た》けており、関西人（慧海の出身は和泉《いずみ》国堺）であったこともあるのだろう、話がとてつもなく面白い。慧海の講演は毎回笑いの絶えないものであったようだ。このことにより、慧海の講演内容にリップサービスが含まれていると勘ぐられたのかもしれない。慧海の記したところによると、帰国から三十年経ってもチベット旅行を否定している人がいたという。

だが、慧海の潜行はもちろん事実であり、チベットでの体験を記した『西蔵旅行記』（上下巻）を出版後、一九〇四（明治三十七）年十月、第二回のチベット旅行を敢行している。これは、初回の旅のときに世話になった人が罪に問われて下獄したことから、彼らを救出するためであった。

慧海は、一九一五（大正四）年九月に帰国してからは東洋大学でチベット語を教えるなどし、一九四五（昭和二十）年二月、脳溢血により八十歳でこの世を去った。

先輩・坂本龍馬の暗殺犯探しに没頭した陸軍軍人・谷干城

土佐藩出身の陸軍軍人・政治家の谷干城《たにたてき》。

彼は反骨・清廉《せいれん》の性格の持ち主で、北海道開拓使官有物払い下げ事件（一八八一年）においては陸軍の大御所である山県有朋《やまがたありとも》と対立し、その後、第一次伊藤博文内閣の農商務大臣在任中においては欧化主義による条約改正に反対して二年にも満たずに辞任するなどしている。

干城は短気な性格であったともいうが、彼は権力に反旗をひるがえすたびに名声を高めたこともまた確かであった。

そんな反骨ぶりから「頑癖《がんぺき》将軍」とまで呼ばれた干城は、一九〇一（明治三十四）年、六十四歳のとき、とあることがらに夢中になった。

それが、故郷の先輩である坂本龍馬《さかもとりょうま》を近江屋にて暗殺した犯人を自らの手

武市瑞山の影響により尊王攘夷運動に関わった谷干城。写真は若い頃（国立国会図書館蔵）

で探すことだった。

実はその前年、元京都見廻組《みまわりぐみ》の今井信郎《いまいのぶお》が「龍馬を殺害したのは自分である」と語った手記が雑誌に掲載され（実際は直接の手記ではなく、聞き書き）、それを干城が読んでいたのだ。

しかも、干城は龍馬が暗殺された直後に近江屋へ駆けつけていた人物で、龍馬とともに襲われた中岡慎太郎がまだ息のあったときに聞いた話により、「暗殺犯は新選組の原田左之助《はらださのすけ》である」と思い続けていた。

その自説が今井の手記によってくつがえったことを知り、龍馬を暗殺した真犯人を探そうと躍起《やっき》になったのである。

だが、改めて調べたものの、干城は真犯人を断定することはできなかった。もちろん、この出来事は現在にいたるまで謎の多い事件とされているから、干城が解決できなかったのも仕方がなかった。

その後の干城だが、愛妻・玖満子《くまこ》が自分よりも先にあの世へと旅立ち、自身は脳や腎臓の病によって一九一一（明治四十四）年五月に七十五歳で亡くなっている。

南極から帰国後、金策に追われた探検家・白瀬矗

明治維新後、日本人の探検家はユーラシア大陸を中心に世界へと飛び出していったが、中でも有名なのが、日本人としてはじめて南極大陸を踏んだ白《しら》瀬矗《せのぶ》（本名は知教《ちきょう》）である。

一八六一（文久元）年、秋田県内の寺の長男として生まれた白瀬は、十一

歳のとき寺子屋の先生から北極の話を聞き、探検家を志した。

大人になってからもその夢をあきらめることはなく、準備に余念がなかったが、北極探検への訓練として参加した千島探検において同志一〇人を失い、一九〇九（明治四十二）年にはアメリカの探検家・ピアリーが北極探検に成功したことを新聞で知るなど、悲劇が白瀬を襲った。

そこで白瀬は目標を南極へと定め、一九一〇（明治四十三）年十一月、二六名の隊員とともに「開南丸《かいなんまる》」に乗り、芝浦を出航したのだった。

激しいブリザードが吹き荒れる氷点下二〇度の中、走行距離二八二キロの地点までは進むことができたが、それが精一杯であった。白瀬らはそこを「大和雪原《やまとゆきはら》」と名付け、日本の領土とすることを宣言したのだった。

さて、帰国後の白瀬だが、彼を待ち受けていたのは莫大な「借金」であった。

実は、帰国後に寄付金をはじめとする経費を計算したところ、数万円の使途不明金があることが発覚。探検隊隊長である白瀬はそれを自分の責任として全額背負うことになったのだ。

物価の値段を調べてみると、一九一二（明治四十五）年当時、うどん・そばの一杯あたりの値段は三銭。一〇〇銭で一円だから、白瀬が背負った借金の数万円という額は、桁《けた》が数えられないほど莫大だということがわかる。

五十一歳になっていた白瀬は、二六人分の給与（約二万円）のうちの半分だけを金策して支払うと、自宅を売り払い、売れるものはすべて売り払って、映画上映と講演の旅に出る。記録映画の所有権を五か月で一五〇〇円という値段で借り、全国を回った。

晩年は借金に追われた探検家・
白瀬矗（国立国会図書館蔵）

白瀬が借金を払い終えたのは一九三五（昭和十）年のことだから、二十三年もかかったことになる。

その後、横浜に建っていた井上馨《いのうえかおる》の別荘番をして稼いだり、軍人恩給や寄附などによって食いつないできたが、栄養失調により戦後の一九四六（昭和二十一）年九月、八十六歳で亡くなった。

白瀬は幼少の頃、寺子屋の先生に「探検家をめざすなら、五つの戒め（酒を飲まない、タバコを吸わない、お茶を飲まない、湯を飲まない、寒中でも火にあたらない）を守り、初志を貫け」と教えられていた。

白瀬はその教えを一生涯守ったというが、厳格な性格の持ち主にとってみれば、あまりにも悲しい後半生であったかもしれない。

マニラに追放されたあと、高山右近はどうなった？

戦国時代、数々のキリシタン大名の中でも、敬虔《けいけん》さにおいては群を抜いていたと伝わる高山右近《たかやまうこん》。

彼がキリシタンとなったのは父の高山飛騨守友照《ひだのかみともてる》（洗礼名はダリヨ）によ

ところが多く、十二歳のときに受洗し、洗礼名をジュストとした。

右近が敬虔なキリシタンであることは、一五七八（天正六）年の出来事を見ればわかる。

その出来事とは、主であった荒木村重《あらきむらしげ》が本願寺への内通を疑われ、織田信長に反旗をひるがえしたときのことで、これに関し、「自分に帰属しなければ高槻《たかつき》城領内のキリシタンを皆殺しにするぞ」と信長から脅された右近は、武将の身分を捨てて信仰に生きることを選んだのだった。

高槻城四万石を安堵《あんど》された右近は、領内に教会やセミナリヨ（イエズス会の司祭や修道士を養成するための初等教育機関）を多く建設し、その布教に精力を注いでいる。

ところが、一五八七（天正十五）年の豊臣秀吉による「バテレン追放令」や一六一四（慶長十九）年の徳川家康による宣教師の国外追放令により、国内のキリシタンは大打撃をこうむることになる。右近も例外ではなく、同年十月、キリシタン武将・内藤如安《ないとうじょあん》や妹・内藤ジュリアらとともにマニラ（フ

国外退去を命じられ、マニラにて没した高山右近（写真提供：高槻市役所）

ィリピン）へと追放されたのである。

では、その後、高山右近はどのような人生を送ったのだろうか。

実は、その後の右近はそれほど長くは生きることができなかった。

ひと月以上におよぶ長旅が体をむしばんだのだろう、マニラに到着した右近はそれからわずか四十日余でこの世を去ってしまうのである（一六一五年二月没。享年六十三）。直接の死因は熱病という。

言い伝えによると、右近一行が乗った船の甲板や通路は、食糧難や悪天候で病にふす者であふれ返り、高齢の神父は命を落とすほどであった。

だが、マニラに到着した一行を待ち受けていたのは熱烈なる歓迎であった。現地の要人は船に乗り込んで彼らがくるのを出迎え、要塞砲は一斉に祝砲を鳴らし、右近らを一目見ようと多くの人びとが押し寄せたという。

祝宴の席において、マニラ総督・シルバは右近のために数軒の屋敷を与えることを約束してくれた。

高山右近というキリシタンの名は、日本から軽く海を飛び越え、遠くマニラの地にまで達していたのだった。

豊臣秀吉の部下に成り下がった一五代将軍・足利義昭

将軍という役職は、太平の世ならば世襲すればよいだけのことだが、幕府が崩壊しそうなときに就任することになった人物はたまったものではない。

室町幕府一五代将軍・足利義昭《あしかがよしあき》もそんな辛酸《しんさん》をなめた人物の一人だ。

彼は、戦国時代が幕を開けている最中の室町幕府の最後の将軍となった男であった。

だが、一五六八（永禄十一）年に義昭が征夷大将軍に任命され、晴れて一五代将軍となることができたのは、織田信長の意向によってであり、信長は天下に号令するうえで義昭の権力を思うがままに利用することしか頭になかったのである。

そのため、義昭は信長の行動に不信感を抱くようになり、反目していたが、一五七三（元亀四）年にはともに信長包囲網を形成していた武田信玄《たけだしんげん》が亡くなったことで万事休す。

義昭は白旗を掲げ、ここに二百四十年余続いた室町幕府は終わりを告げたのだった。

では、その後足利義昭はどうなったのだろう。

本能寺の変後、信長から羽柴（豊臣）秀吉に権力の座が移った世の中において、義昭のそれまで積み重ねてきた経験はあまりにも役に立たなかった。

一五八七（天正十五）年に秀吉が天下をほぼ統一したのちは京都へ戻ることができたが、義昭はその翌年に昌山《しょうざん》と号して出家。一五九七（慶長二）年八月、腫れ物が原因となり、六十一歳で没している。

晩年の義昭がいかにみじめであったかという一つの逸話が残っている。

秀吉による朝鮮出兵のときのこと、秀吉が肥前名護屋《なごや》城を訪れた際に義昭もそれに同行したのだが、義昭に馬が与えられることはなく、徒歩で赴いたという。

かつての栄光を知っている公家たちは、あまりにも凋落《ちょうらく》した義昭の姿を目にして涙を流したと伝わる。

やはり、混乱期に将軍となるのは、大変苦労が絶えないようである。

寺子屋の師匠になった戦国武将・長宗我部盛親

生きるか死ぬかの連戦を強いられた戦国時代。自身が次の一手をどう打つかは、自分の命に直結することであった。

そんな時代を生きた一人が、土佐国（現・高知県）の戦国大名・長宗我部《ちょうそかべ》盛親《もりちか》である。

盛親は長宗我部元親《もとちか》の四男で、関ヶ原の戦いのときは西軍に与《くみ》していたが、西軍が劣勢と見るや戦場から逃亡。戦後は徳川家康に詫《わ》びを入れて何とか生き延びることができた。

だが、かつて、家臣にそそのかされたとはいえ盛親が兄・津野親忠《つのちかただ》を殺害していたことを知った家康は、盛親への不信感が増し、領地を没収。盛親はその後、京都へ入って蟄居《ちっきょ》の身となり、髪を下ろして大岩祐夢《たいがんゆうむ》（幽夢とも）

と名乗った。

しかも驚くことに、戦国武将という前歴があるにもかかわらず寺子屋の師匠として十四年間も務めていたという。

ただし、この経歴については、授業内容に関する記述を持つ史料が見当たらず、このことについて紙幅を割いていない書物もあるため、史実かどうかは現時点では定かではない。

さて、とにかく平穏な日々を送っていた盛親であったが、家康が引き起こした大坂の陣において再び豊臣方に付いたことから、彼の運命は暗転する。

結果は知っての通り、家康方が勝利を収めたのだから、関ヶ原の戦いに引き続き家康を裏切った盛親がもはや許されるはずもなかった。

盛親に、生きる権利は渡されなかったのだ。

大坂城が落ちたまさにその日、与えられた京橋口の守りをろくにせず逃げ出した盛親は、蜂須賀至鎮《はちすかよししげ》の家来に捕えられたあと、京都に運ばれて大路を引きずられ、一六一五（元和元）年五月、六条河原で斬首されている。享年四十一。

二度も家康に歯向かった男に、命はなかった。

二代目の時代に家が断絶してしまった服部半蔵

服部半蔵《はっとりはんぞう》という人物名を耳にして真っ先に思い浮かべるのは「忍者」であろうが、彼が忍者であったという事実はまったくない。

半蔵（半三）という名前は通称であって、本名は正成《まさなり》という。しかも、得意なのは手裏剣《しゅりけん》ではなく、槍《やり》だ。

日本史における正成の功績として挙げられるのは、本能寺の変の際に徳川家康を警固したことである。このとき家康は堺にいたが、主君を討った明智光秀は家康をも討つべく探していた。

そこで、対する家康は甲賀《こうが》、伊賀《いが》、伊勢を通り、三河へ逃れようとする。こ

のとき、家康を守護したのが正成であった。その際、正成は父・保長《やすなが》の出身である伊賀の忍者に家康の警固を依頼、無事に三河へと送り届けることに成功したのである。

さて、正成は一五九六（慶長元）年十一月に没してしまうが、服部家はその後どうなったのだろうか。

実は、服部家は正成の長男・正就《まさなり》の時代にお取り潰しとなっている。つまり、断絶だ。

正就は家康から信頼されるような性格の持ち主である父・正成とは異なり、荒くれ者だったようで、伊賀同心に対する態度も礼を欠くことが少なくなかったようだ。

そのため、正就は彼らから罷免《ひめん》を求められてしまい、伊賀同心側に与した幕府によって御役御免《おやくごめん》となってしまった。

しかも、大人しくしていればいいものを、その後、道端で見かけた伊賀同心を罷免の恨みから切り捨ててしまう。だが、その同心はまったく関係のない人物であったから始末に負えない。

結局、服部家は正就の時代に断絶してしまったのであった。なお、その後の正就だが、大坂の陣に進んで参戦したようだが、その動向を最後に消息不明となっている。何とも煮え切らない最期であったといえる。

母が見た息子・天草四郎の首は本物だったのか？

江戸初期、幕府はキリスト教を黙認していたが、勢力が徐々に強まるとそれを押さえ込む方針に転換する。それに加え、天候不順による凶作や、対外交易を禁止されたことによる大幅な収入減によって、農民は苛酷《かこく》な年貢を課されていた。

これらの要因が一気に合わさり、土豪や百姓の一揆となったのが「島原の乱」（一六三七年）である。

そして、この一揆の首領となったのが若干十六歳だった天草四郎《あまくさしろう》（益田時貞《ますだときさだ》）であった。四郎が百姓たちの前に姿を現す二十数年前、禁教政策が強まりを見せた天草を追放された宣教師がある予言をしていたという。

「これより二十五年後、天は焼け、国土は鳴動《めいどう》して、民家草木は焼け亡びるであろう」

四郎の出現によって、その予言が現実のものとなったのである。

九州の島原・天草地方を治めていた松倉氏の前の領主であるキリシタン大名・小西行長《こにしゆきなが》や有馬晴信《ありまはるのぶ》の遺臣らによってリーダーに祭り上げられた四郎が率いる一揆勢は、総勢三万七〇〇〇。島原城や富岡城を攻撃したのち、原城に籠城《ろうじょう》するが、幕府から幾度もの鎮圧軍が派遣され、一六三八（寛永十五）

年二月、ついに幕府は総攻撃を開始した。

両軍は激戦となるが、一揆勢の首級は一万余、焼死体は五〇〇〇以上にもおよんだという。言い伝えによると、一揆勢の一人の遺体を裂いて胃の中を確かめたところ、海草しかなかったという。彼らの食糧は、すでに尽きかかっていたのだ。

そして、火に包まれた屋敷から出てきた少年を熊本藩主・細川忠利《ほそかわただとし》の家臣が討ち取ったが、彼こそ天草四郎であったという。

さて、その後の話だが、幕府は四郎の首実検《くびじっけん》をするため母親を呼び寄せ、いくつも並んだ首級を見せてどれが息子のものか選ばせたのだが、先述の家臣が討ち取った首級を胸に抱いて泣き叫んだため、それが四郎のものと判断されたといわれている。

だが、これは裏を返せば、幕府側が確認することはできなかったということにもなるのだ。四郎の生存説は豊臣秀頼や真田幸村のように全国に流布《るふ》しているわけではないが、死の真相を知っているのは母親だけということになる。

果たして真実はどうだったのだろうか？

用心深い性格から、隠密に転身した探検家・間宮林蔵

伊能忠敬《いのうただたか》に測量術を学び、一八〇八（文化五）年、松田伝十郎《まつだでんじゅうろう》とともに樺《から》太《ふと》へ渡り、樺太が島であることを確認した幕臣・北方探検家の間宮林蔵《まみやりんぞう》。

一躍、大きな実績をなした林蔵は、一八二二（文政五）年、江戸に帰り勘定奉行配下の普請役に就いて、各地の河川や堤防の修築などに従事していた。樺太探検やその後の出世により、林蔵は皆から尊敬される存在となっていた。

そんな林蔵の評価を地に落としたのが、一八二八（文政十一）年に起きたシーボルト事件である。医師として長崎に着任していたシーボルトが地図などの禁制品を国外へ持ち出そうとしたことが発覚し、関係者が処分されたと

する事件だ。この事件において、密告者とされたのが林蔵だったのである。

ところが、林蔵はその後、幕府の隠密《おんみつ》へと転身を図る。シーボルトに地図を渡した幕府天文方・高橋景保《たかはしかげやす》が獄死しているので、表舞台にいづらくなったということもあったであろう。また、先述の普請役は、全国の政情や民衆のようすを探索する役目をも担っていたから、林蔵の隠密としての行動はそれ以前からはじまっていたと考えることもできる。

林蔵が隠密へと転身したのはシーボルト事件の翌年頃とされ、薩摩藩の密貿易探索や浜田藩の密輸事件の摘発などを担ったようだ。薩摩藩の探索においては、隣国の者に姿を変えて鹿児島城下の経師《きょうじ》（表具師）に弟子入りし、三年ののち、親方に従って城内へ入り、襖《ふすま》の修理の際に自身の名札をその中へ忍ばせて脅しの材料にしたという。

林蔵が小宮山昌秀《こみややままさひで》（水戸藩主・徳川斉昭《なりあき》の側用人《そばようにん》）に語ったところによると、隠密行動をしていてもっとも困ったのは「乞丐《きっかい》」（乞食《こじき》）のときで、身に付けるものは薄いし、手荷物を持たないことになっているものの一〇〇両ほどを旅費として所持しているため、それを隠すようにして持っていなければならなかったとのことである。

ただし、身を鍛えることは昔から嫌いではなく、蚊の多い江戸深川の辺りに住んでいたにもかかわらず夏でも蚊帳《かや》を吊らなかったというし、冬でも火にあたらず薄着ですごしていたという。隠密はまさに、林蔵にとってはお似合いの職業であったのである。

燃えるような恋をした禅僧・良寛の晩年

江戸時代を代表する禅僧で、すぐれた詩人・歌人・書家でもあった良寛《りょうかん》。いまでも人びとからは親しみを込めて「良寛さん」と呼ばれている。

十八歳で出家してから、寺を持たず、托鉢《たくはつ》をすることで日々を過ごしていた良寛が生まれ故郷の越後国へ戻ったのは一七九六（寛政八）年のことで、国《く》上山《がみやま》（新潟県燕市）にある国上寺《こくじょうじ》の五合庵《ごごうあん》で二十年を過ごしたのち、山のふもとにある乙子《おとご》神社の草庵に移り住んだ。これはひとえに体力の衰えによるものであったが、村の子どもたちと触れ合うなど、気力はまだまだ充実していた。

だが、そこでの自炊にも困難さが伴ってきたため、一八二六（文政九）年、島崎（新潟県長岡市）の木村元右衛門《げんえもん》の勧めに従い、同家の物置小屋を改造して築いた庵に移り住む。諸国を巡歴してきた良寛も、もはやここで朽ち果ててしまうのかと思われた頃、一人の尼僧が目の前に現れる。それが、貞心《ていしん》尼《に》であった。

一七九八（寛政十）年、長岡藩士の娘として生まれた貞心尼（俗名・マス）は、十七歳のときにいったんは嫁いだものの、五年後に夫と離縁し、出家。以来、修業を続けた貞心尼は、一八二六年に古志郡福島村（現・新潟県長岡市）の閻魔堂《えんまどう》に移り住み、翌年良寛の許を訪れたのだった。記録が残っていないため定かではないが、托鉢《たくはつ》していた貞心尼が良寛のことを聞きつけ、近くに越してきたのではないかとも考えられる。

以降、美しい女性であったとされる貞心尼と良寛との心の交流が続けられる。このとき、良寛は七十歳、貞心尼は二十九歳。五十一歳という年の差のある交流であった。

良寛没後、貞心尼の手によって編まれた歌集に『蓮《はちす》の露《つゆ》』があるが、同書には貞心尼に淡い恋心を抱く良寛の歌が収められている。

天が下に満つる玉より黄金より　春のはじめの君がおとづれ

いついつと待ちにし人は来りけり　いまは相見て何かおもはむ

前者の歌からは、貞心尼の訪問を何よりも待ちわびている良寛の心のうちが手に取るようにわかる。それは孫ほども年の離れた新たな弟子への愛《いと》しさもあっただろうが、異性に対する思いもそこには込められていたといえるのではないだろうか。

貞心尼との出会いから四年後、良寛は病を得たのち七十四歳でこの世を去るが、彼を看取《みと》ったのは貞心尼であった。漂泊の僧侶としては願ってもない最期であったのではなかろうか。

法然の弟子になって弔いの旅に出た那須与一

源平合戦における「扇の的射ち」で一躍有名となった那須与一《なすのよいち》。一一八五（文治元）年二月、讃岐《さぬき》国屋島（現・香川県高松市）で行なわれた戦いでのこと。両軍が引こうとしたとき、沖から一艘《そう》の小舟が波打ち際へ漕ぎ寄せた。そこには美しい女性が乗っており、船棚に立てられた日の丸の扇を射てみよと手招きをしたので、陸にいた源義経《みなもとのよしつね》はそれに応えて与一に託した。

一度は辞退した与一だったが、「南無八幡大菩薩《なむはちまんだいぼさつ》」と念じて与一が放った矢は見事扇を射抜き、両軍から喝采《かっさい》を浴びたのだった。

なお、この直後、船のうえにいた男が興奮したのか舞いはじめると、与一は「あの男も射てしまえ」と声を掛けられたため、その男をも射抜いている。

さすがにこれには源氏方からも「なさけなし」との言葉が上がったと伝わる。

さて、見事に面目を保った与一だったが、その後どんな人生を送ったのだろうか。一説によれば、彼はその後僧侶になったようなのである。

ある伝承によると、下野国《しもつけ》（現・栃木県）の那須に戻った与一は、梶原景時《かじわらかげとき》の讒言《ざんげん》によって越後へ配流《はいる》となったものの、一一九九（正治元）年に許されて那須へ戻ると、烏山城の南に曹源院を開いてそこに住み、一二〇二（建仁二）年には髪を剃って法然《ほうねん》の弟子となり、源蓮《げんれん》という法名をえたという（のちに信願房と改名）。

源蓮と名乗った与一は、その後西国へ赴き、源平合戦において命を落とした兵士の菩提《ぼだい》を弔う旅を続け、摂津国にて没したという。

ただし、那須与一に関してはこのような伝説が多くあって、どれが史実として正しいのか定かではない。さらに、『吾妻鏡《あずまかがみ》』をはじめとする確実な史料の中に与一の名前が見られないことから、与一を伝説上の人物であるとする見方もあるほどである。

暗殺された井伊直弼がその後も生きていることにされたワケとは？

一八六〇（安政七）年三月三日、大雪の中を登城していた大老・井伊直弼《いいなおすけ》が一七人の水戸浪士と一人の薩摩藩士（ただし、ともに脱藩浪士）によって襲撃され、首を斬られた。これが、幕末に起こった「桜田門外の変」である。

ところが、この時代の将軍・徳川家茂《いえもち》の正史『昭徳院殿御実紀』の同日の項には、「例年の通りに節句の儀式が済んだ」という内容の記事が書かれているのみである。しかも、同書によれば、直弼が殺されてから一か月が経とうとしている二十八日の項には、「大老が新しく異動してきた役人から挨拶を受けた」と書かれ、三十日の項には大老宛に「御役御免」の辞令が出されているとある。

これはいったいどういうことなのだろうか？

実は、この大老暗殺事件を大っぴらにできない理由は、幕末という混沌とした時代が大いに関係している。

暗殺事件後、直弼の出身である彦根藩では、実行犯たちを襲撃しようと準備を進めていたが、幕府によって抑えられていたのである。譜代《ふだい》筆頭である彦根藩と、御三家の一つである水戸藩とが衝突することは、幕藩体制の崩壊まで進展する可能性がある。ここはどうしても、穏便に始末するしか方法がなかったのだ。

そのため採られたのが、直弼の死を隠匿《いんとく》するというものだった。少しでも時間を稼ぎ、そのあいだによい対処法を考え出そうという魂胆である。

結局、表向きには水戸藩主・徳川慶篤《よしあつ》の登城停止と直弼の大老罷免《ひめん》という、いわば「ケンカ両成敗《りょうせいばい》」の体裁をとることで事態を収束させようとしたのであった。

ただし、直弼が討たれたという話は変後すぐに江戸市中に広まっており、江戸っ子たちは「大老が死んだ」とすでに噂し合っていた。それはそうだ。雪のうえに鮮血が飛び散り、その光景を隠すことなどできなかったのだから。

ちなみに、首を切断された直弼の遺体は、その死が公表されるまで、医師によって縫い合わされた状態で保存されていたと伝わる。直弼の死は、それほど当時の日本ではあってはならない出来事だったといえよう。

「板垣死すとも……」といったあと、三十年以上も生きた板垣退助

幕末から明治にかけての政治家・板垣退助《いたがきたいすけ》といえば、「板垣死すとも自由は死せず」という名セリフでおなじみだ。この言葉は、板垣が一八八二（明治十五）年四月に岐阜県で刺客《しかく》に襲撃された際に発したものと伝えられている。

では、このあと板垣は死んだのかといえば、そうではない。実は、板垣はこの事件のあと四十年近くも生きており、亡くなったのは一九一九（大正八）年七月、八十二歳のときのことであった。

吾死するとも自由は死せん

この言葉は、当時の時流であった自由民権運動を象徴するものとして教科書でも教えられてきたから、誰もが知っているところとなり、板垣はこの言葉を遺言のように吐いて息絶えたと勘違いしている人が多いのかもしれない。

しかも面白いことに、その後、この言葉は実際に板垣がいったものなのかという疑問も呈されることになる。確かに、刃物で刺されている人がこんなドラマティックなセリフを吐けるものなのだろうか。

そこで用いられる史料が、当時、岐阜県御嵩《みたけ》警察署の御用掛《ごようがかり》だった岡本都嶼吉が警察署長に提出した「探偵上申書」である。

これによると、刺された板垣は出血しながら「吾死するとも自由は死せん」と述べたとある。このセリフが年を重ねるに伴い、先の言葉へと変化していったようである。

ということは、板垣は痛みに苦しみながらもそのような言葉を述べていたと考えることができよう。

別の警察関係者が記録したところによれば、板垣がその言葉を述べたのは刺客に向かってであったといい、たとえ自分が死ぬことがあっても「自由は永世不滅なるべき」といって笑っていたとある。

これらの記録に語られていたようなことが、のちに冒頭の有名なセリフとなって伝わったのだろう。

なお、事件を生き延びた板垣は、その後第二次伊藤博文内閣の内務大臣（一八九六年）や、第一次大隈重信内閣の内務大臣（一八九八年）などに就き、晩年は社会事業家として尽力している。

第3章

国の発展を促した天才たちの「その後」

「百十歳に画業が大成する」という目標を持っていた葛飾北斎

現在でもたびたび展覧会が開かれ、「画狂人《がきょうじん》」と讃えられる浮世絵師・葛《かつ》飾北斎《しかほくさい》。彼のどこから先が「その後」なのかは判断が難しいところではあるが、彼の画業のピークは間違いなく七十代であろう。

代表作である『富嶽《ふがく》三十六景』は一八三一（天保二）年のもので、北斎はこのとき七十二歳だった。『富嶽三十六景』の「富嶽」とは富士山のことで、「赤富士」の異名を持つ「凱風快晴《がいふうかいせい》」や「神奈川沖浪裏《かながわおきなみうら》」で有名な風景画。その後、ゴッホやモネ、セザンヌなどの印象派の画家たちに多大な影響を与えたことはよく知られている。

さらに、北斎が同じく自身の代表作である『富嶽百景』を出版したのは一八三四（天保五）年のことで、このとき北斎は七十五歳であった。齢《よわい》七十を

過ぎ、もうすぐ八十を迎えようとしている頃、北斎は画業の頂点を迎えていたのである。
このとき、北斎は以下のようなことを述べていた。
「私は五十の頃からしきりに絵を描いてきたが、七十前に描いた絵は取るに足らないものである。七十三歳にして鳥や獣、虫、魚などの骨格、草木が成長するさまを描くことができるようになった。それゆえ、八十になると悟《さと》りがますます進み、九十歳にでもなればその奥義《おうぎ》を極め、百歳にはまさに神業を得ているだろう。百十歳には非の打ちどころもなく、生けるがごとく描けるだろう」

七十代にして、北斎はなんと百十歳の未来の自分を見据えていたのである。驚くべき生きるパワーというべきか。絵を描くこと以外にとくに頓着するものはなく、強《し》いて挙げれば引っ越しくらいだろうか。ただ、九三回もの引っ越しをした理由は、家の中のモノを片付けるのが面倒だったためともいわれる。

だが、老いは誰にも分け隔てなくやってくる。八十九歳のとき、浅草聖天《しょうてん》町に引っ越した北斎は、意気軒昂《いきけんこう》に肉筆画を描いていたが、風邪をこじらせて床に伏し、一八四九（嘉永二）年四月、九十歳でこの世を去った。北斎を看取ったのは、自らも父の跡を継いで絵師となった三女のお栄であった。

ちなみにお栄の画号は「応為《おうい》」というが、これは父・北斎が彼女を面倒がって「おーい、おーい」と呼んでいたことに由来するという。絵を描くこと以外には目もくれなかった北斎を象徴するエピソードといえよう。

嫡流を重んじながらこの世を去った実業家・岩崎弥太郎

明治維新後、九十九《つくも》商会（のちの三菱商会）の名前で海運業を興し、台湾出兵や西南戦争における軍事輸送などで巨万の富をえた岩崎弥太郎《いわさきやたろう》。

彼が胃の病にかかったのは一八八一（明治十四）年のことだが、それから彼がこの世を去る四年のあいだ、三菱商会は重大な局面に立たされていた。その原因が、ライバルである三井財閥と、そのバックに付いた薩長藩閥政府による「共同運輸会社」の設立であった。

当時、弥太郎が経営する三菱汽船は日本の大型汽船の約三分の二を占め、隆盛を極めていた。日本の民間輸送に関することは、ほぼ弥太郎の手中にあったといってよい。

ところが、弥太郎と親しかった大隈重信《おおくましげのぶ》が「明治十四年の政変」によって野に下ったのを契機として形勢が逆転。参議・井上馨《いのうえかおる》を黒幕とする政府が三菱を攻撃しはじめるのである。一時、弥太郎は政府の弾圧の対象となり、反政府不穏《ふおん》分子の烙印《らくいん》を押されて逮捕される寸前だったという。「出る杭は打たれる」ということわざがあるが、弥太郎が築いた富と権力は周囲が放っておけないほど膨大だったのだろう。

一八八四（明治十七）年、静養先の伊豆から東京駒込《こまごめ》の別邸である六義園《りくぎえん》に移った弥太郎は、名医による精密な診断の結果、胃がんであることが判明する。「わしは大丈夫だ。本当の病名をいえ」と周囲の者たちに主張する弥太郎であったが、彼が胃がんであることを伝えられることはなかった。当時の日本を牛耳《ぎゅうじ》る三菱のトップが余命いくばくもないと知れ渡ることは、どんなことがあってもならないことだったのだ。

だが、いくら屈強な弥太郎でも胃がんを克服することはできない。そのことを悟ったのか、弥太郎は実弟の副社長・弥之助《やのすけ》ら重役を枕元に呼び寄せ、「三菱は嫡流《ちゃくりゅう》を重んじる。長男・久弥《ひさや》を嫡流としてわしの跡を継がせ、弥之助は久弥をよく後見して、三菱をますます隆盛に導いてもらいたい」と告げる。

一八八五（明治十八）年二月七日、午後四時過ぎ、呼吸が停止した弥太郎は、いったんは蘇生したものの、息絶えた。前述の遺言は、蘇生したあとに語ったものだったと伝わる。

なお、その後、長きにわたる三菱と三井との争いに決着をつけようと、政府は三菱汽船と共同運輸会社の合併を検討。現在の日本郵船が誕生するのである。

晩年、出家して華道の祖となった遣隋使・小野妹子

「日出《い》づる処《ところ》の天子、書を日没する処の天子に致す、つつがなきや」

この、あまりにも有名な書き出しではじまる国書を携え、遣隋使《けんずいし》として海

を渡ったのが小野妹子《おののいもこ》だ。第一回の遣隋使の派遣は六〇〇（推古八）年のことだが、それから七年後、再び隋へ使者を派遣することになり、選ばれたのが「大礼」の位（冠位十二階のうえから五番目）にいた彼だった。

妹子は近江国滋賀郡小野村（現・滋賀県大津市）の豪族・小野氏の出身で、高貴な身分ではなかったが、その優秀さにより、隋の煬帝《ようだい》に国書を届け、国交を結ぶ任務を仰せつかったのだ。

鞍作福利《くらつくりのふくり》という通訳とともに飛鳥《あすか》、難波津《なにわづ》、九州、朝鮮半島を経て隋の都・長安《ちょうあん》にたどり着いた妹子であったが、先の国書は煬帝を激高させるに十分であった。中国大陸を治めている煬帝にとって、「天子」（天下を治める者）は自分一人だけ。ところが、「倭国《わこく》」（日本の当時の呼び名）という小さな国にも天子と名乗る者がいることを知らされたのだから当然だった。

だが、隋は外交関係上の理由もあり、裴世清《はいせいせい》という返礼の使者を同行させ、妹子を無事に帰国させることにした。

さて、実はここで妹子はある失態をやらかしている。隋から倭国へ帰国する際に百済《くだら》へ立ち寄ったとき、煬帝から預かった返書をなくしてしまうのだ。理由は現地人に奪われたということであったが、実はこれにはウラがあって、先述のように、妹子が渡した国書に激怒した煬帝は、倭国を非難する内容の返書を持たせたらしい。それを察知した妹子が機転をきかせ、「返書を紛失した」ということにしてそれを見せないようにしたというのだ。本来ならば、返書をなくした罪で流罪に処せられるところだったが、推古《すいこ》天皇は妹子を許している。妹子の行動は、双方が了解した結果であったのかもしれない。

その後、妹子はどのような人生を送ったのだろうか。

遣隋使としての任務を評価された妹子は、冠位十二階の中でも「大徳」という最高の位を授けられるとともに、晩年は出家し、仕えていた聖徳太子《しょうとくたいし》が創建したとされる六角堂（紫雲山頂法寺《しうんざんちょうほうじ》）に入って仏前に献花することを欠かさなかったようだ。なお、六角堂の北側は聖徳太子が沐浴《もくよく》した池の跡と伝えられる場所で、その池のほとりにあった僧侶の坊（住居）が「池坊《いけのぼう》」と呼ばれるようになり、現在の池坊流の名の由来となったという。そこから、妹子は「華道の祖」とも称されることがある。

佐々木小次郎との決闘後、消息が途絶えた宮本武蔵

江戸前期の剣客《しかく》、二刀流（二天一流）の開祖として名高い宮本武蔵《みやもとむさし》。彼の事績として誰もが知っているのが、佐々木小次郎と相争ったいわゆる「巌流《がんりゅう》島《じま》の決闘」（一六一二年）であろう。

史料では、武蔵はその後大坂両陣に参戦したことまではわかっているが、以降は諸国を遍歴したと伝わる。武蔵の行動が再び明らかとなるのは、晩年に近づいた一六三四（寛永十一）年以降のこと。武蔵が五十一歳になってからのことである。

島原の乱（一六三七年）に養子の伊織《いおり》とともに参戦した武蔵だったが、一揆勢からの投石を足に受けて負傷した。「宮本武蔵二天」の署名がある長岡佐

渡守（熊本藩の筆頭家老・松井興長《まついおきなが》）宛の書状によれば、武蔵は島原の乱後、江戸や上方に身を落ち着け、それから肥後へ下ったようだ。これは、熊本城主・細川忠利《ほそかわただとし》に武蔵が客分として遇されることになったためで、武蔵はいよいよ自分の生涯の幕を下ろしにかかるのである。

なお、武蔵は自ら新陰流を学んでおり、兵法に詳しかった忠利のために『兵法三十五箇条』を書き上げたが、忠利はそのひと月後に急逝している。

自分を慕ってくれた城主を失うことになり、大いに落胆した武蔵だったが、禅に心血を注ぐようになり、書画や彫刻、連歌《れんが》などに傾倒するようになる。そのような中で寺尾求馬助《もとめのすけ》のような弟子も持つことができたが、武蔵の意識は「この先、どのように最期を迎えるか」という点に集約されていたに違いない。がんに冒されながらも洞窟にしばしば籠《こも》り、『五輪書《ごりんのしょ》』を執筆。さらに『独行道十九条』を書き上げ、その一週間後、六十二歳でこの世を去った。

現在、武蔵の真筆とされる書画が残っているが、とくに水墨画において武蔵の非凡な才能を垣間見ることができる。最晩年まで気魄《きはく》の籠った人生を送った武蔵らしい作品である。

母国へ帰り、第一級品の史料を書き上げたペリー提督

アメリカ海軍東インド艦隊司令長官のマシュー・カルブレイス・ペリー提督が四隻の「黒船」を率いて浦賀沖にはじめて姿を見せたのは嘉永六年六月三日（一八五三年七月八日）のこと。当時の記録には「八ツ半」や「未《ひつじ》ノ刻」などと記されているから、ペリーらが日本へ到着したのは午後三時頃と推測することができる。

二度目の来航は嘉永七年一月十六日（一八五四年二月十三日）のことで、前年に幕府へ手渡したアメリカ大統領・フィルモアからの国書の返答を受け取るためであったが、艦隊はいきなり江戸湾深く侵入し、神奈川沖（小柴《こしば》沖）に停泊。日本の開国はもはや時間の問題であった。

二月十日から開始された交渉が十五日に成立すると、記念としてアメリカ側から電信機械や時計、望遠鏡、鉄砲、サーベル、農機具、汽車の模型などが贈られた。アメリカ側はただそれらを贈るだけではなく、実際にレールを敷いて汽車の模型を走らせるなどしている。これに対し幕府側の全権たちはいたく感動したそうだが、当時の最先端をゆくモノに、日本のトップはすっ

ペリー提督。フィルモア大統領からは発砲禁止を厳命されていた（写真提供：毎日新聞社）

かり魅了されてしまったようである。

さて、無事に日本を開国させたペリーだが、その後どのような人生を送ったのだろうか。

日米和親条約締結後、健康上の理由から帰国の途についたペリーは、海軍顧問などを務めるが再び航海に出ることはなく、マンハッタンの三二丁目ウエスト三八番地に住んで三巻におよぶ書物を完成させる。それが『日本遠征記』であった。同書は国家予算によって制作された印刷物だったため、市販されることはなく、第一巻のみアップルトン社から販売されるに留まったという。

その後、長きにわたる航海によるものなのだろうか、痛風やリウマチ、アルコール依存症などを患《わずら》っていたとされるペリーは、風邪をこじらせたことが原因（リウマチによる心臓発作とも）で、ニューヨークの自宅で息を引き取った。一八五八年三月四日のことであった。日本から帰国後、四年という短さでペリーはこの世を去っていたのである。

ペリーの遺体ははじめニューヨークの教会墓地に安置されたのち、彼の遺言通り、故郷であるロードアイランド州ニューポートの墓地に改葬されている。

バブルがはじけるも、悠々自適に生きた紀伊国屋文左衛門

江戸中期の豪商・紀伊国屋文左衛門《きのくにやぶんざえもん》は「紀文大尽《きぶんだいじん》」とも称され、長唄の題

材にもなったほどの人物だ。暴風雨の中、故郷の紀州産のみかんを江戸に回漕し、帰りの船には江戸から塩鮭を上方へ運んで財をなし、最初の資本を蓄えたと伝わる。だが、これはどうやら作り話のようで、幕末、人情本や読本《よみほん》の作者・二世為永春水《ためながしゅんすい》が制作した『黄金水大尽盃《おうごんすいだいじんさかずき》』を皮切りに、その後歌舞伎や浪曲などで取り上げられることによって一般に広まっていったと思われる。

しかし、彼が材木問屋として、幕府の御用達《ごようたし》商人として利権をえ、巨利を占めたのは本当のことで、一六九八（元禄十一）年二月、上野寛永寺の根本中堂の普請造営の際に木材を調達し、駿府の豪商・松木新左衛門と組み、千《せん》頭山《ずさん》から大井川を通じて材木を運んで、一挙に五〇万両もの巨利をえたことはよく知られるところである。

吉原《よしわら》での「大尽遊び」も真実である。千両を使って吉原の大門《おおもん》を閉め、一晩貸し切る「総仕舞《そうじまい》」などの豪遊は、当時の日本において官営の土木事業が盛んで、材木問屋として深く携わることができたことによる。

その存在感を示すためにも、吉原で大尽遊びをして宣伝する必要があったのだ。

だが、官営の土木事業はいわば「バブル」である。六代将軍・徳川家宣《いえのぶ》や七代将軍・家継《いえつぐ》の頃に進められた「正徳《しょうとく》の治《ち》」と呼ばれる政策は、現代風に言い替えれば「デフレ政策」。

土木事業も縮小されるようになり、文左衛門の店も正徳年間（一七一一〜一六）には廃業に追い込まれている。

晩年の文左衛門は、店は潰れたものの、俳句や絵画に親しみ、悠々自適に暮らしたとされる。俳句にいたっては、松尾芭蕉の高弟・榎本《えのもと》其角《きかく》に学び、「千山」の号を持つほどだったという。

その後、深川八幡の一の鳥居の北側に住み、一七三四（享保十九）年、六十六歳でこの世を去っている。一時代を築いた文左衛門も、最期は意外と質素だったようである。

故郷へ二十年ぶりに戻った大黒屋光太夫が見た驚きのモノとは？

一七九二（寛政四）年十月、乗っていた千石船《せんごくぶね》が嵐によって遭難してから十年後、三人の人物が無事に故国の土を踏んだ。小市《こいち》、磯吉《いそきち》、そして大黒屋《だいこくや》光太夫《こうだゆう》である。光太夫を含む一七人の船乗りは、一七八二（天明二）年十二月、江戸をめざして出航したが、数日後、突然の嵐に見舞われる。七か月もの長きにわたる漂流ののち、彼らがたどり着いたのはアリューシャン列島のアムチトカ島。つまり、ロシアであった。

同国の女帝・エカチェリーナ二世に謁見《えっけん》し、国費によって送還されることになった小市、磯吉、光太夫。彼らがロシアの地を離れたのは漂流してから十年後の一七九二年五月のことであった。

さて、十年ぶりに故国に舞い戻った光太夫ら三人は、その後どのような人生をたどったのだろうか。

可哀想だったのが、年嵩《としかさ》の小市である。当時、還暦を迎えていた小市は、故郷・伊勢にたどり着く前に根室にて亡くなったのだ。

「小市、ただ明け暮れに帰らんことを進め祈り、病みて死す。年六〇歳、いといと不憫《ふびん》なる」

光太夫はこのように思って小市を偲《しの》んだ。小市の遺品は、光太夫によって故郷で首を長くして小市の帰りを待ちわびていた妻の許へと返された。

磯吉と光太夫はその後、江戸城の側に屋敷を与えられ、そこでロシア語やロシアの風俗を教えることで日々を過ごした。

実は、光太夫らがロシアの国費によって送還されたのにはロシア側の思惑があった。それが、日本との交渉役として光太夫を利用しようということで、事実、光太夫一行にはロシアの軍人、アダム・ラクスマンが同行し、光太夫は彼の通訳としての役目を担っている。歴史上はじめての、日本とロシアとの交渉は、光太夫らの帰国の翌年六月に松前藩の屋敷にて行なわれている。

なお、アダムの父・キリルは博物学者で、イルクーツクで光太夫らを世話し、帰国への道を開いてくれた人物だった。

光太夫が故郷の伊勢に戻ることができたのは帰国からさらに十年が経過した一八〇二（享和二）年のこと。光太夫は五十二歳になっていた。

このとき光太夫が驚いたのが、自分をはじめとする漂流者たちの名前が刻まれた碑《いしぶみ》が建立されていたことだ。田舎で暮らす親族たちは、もはや彼らがこの世にはいないと理解していたのである。

当時、電話やパソコンはもちろんなく、外国と気軽に連絡をとることなどできるはずがない。ましてや、時代は開国前の江戸時代後期。それは仕方のないことであった。

光太夫はその後、七十八歳まで生き長らえるが、時代はまだ鎖国政策が揺るがなかったこともあり、その見聞が幕府の政策・方針に活かされることはそれほどなかった。

帰国後、鉱山事業に失敗し、裁判に悩まされたクラーク博士

「青年よ、大志を抱け！（Boys Be Ambitious!）」という名言で有名なアメリカの化学者・教育家、クラーク。一般には「クラーク博士」という呼び名で知られる。

南北戦争（一八六一年）に参戦後、アマースト大学へ復職したクラークは、その後マサチューセッツ農科大学の初代学長に就任すると、日本の札幌農学校の教頭職就任を打診される。

フロンティア精神に富んだ彼はこの誘いに乗り、一八七六（明治九）年六月、二人の同行者（マサチューセッツ農科大学の卒業生）とともに日本に到着。札幌農学校では英語と植物学を担当した。

そして、日本の土を踏んでから一年にも満たない翌年五月、クラーク博士

は日本を発《た》つ。その際に口にした言葉が冒頭のものだった。

では、彼はその後どのような人生を送ったのだろうか。

彼はもといた大学へ復職するが、大学の財政悪化によって一八七九年に辞職を余儀なくされ、その後ニューヨークへ移って銀鉱山会社を設立する。だが、その会社も三年後に倒産してしまうのだ。

しかも、以降、会社の資本金二万二〇〇〇ドルを出した叔父のエドワード・スミスとは裁判沙汰となり、敗訴。クラーク家の資産は叔父に渡ることになる。なお、叔父はクラークを不憫《ふびん》に思ったのか、裁判でえた権利を行使せず、家屋敷の権利や名義はクラークの妻や跡継ぎ、譲渡人などに譲ったという。

一八八六年三月九日、クラークは五十九歳でこの世を去る。晩年は心臓病や肺炎などで体を病んでいた。クラーク死去の話が伝わった札幌農学校では、死の翌日の授業は中止され、彼を偲ぶ集会が開かれたという。「日本の愛する友人たちに再び会いたい」というクラークの夢が叶うことは、なかった。

ちなみに、冒頭の「青年よ、大志を抱け！」という名言だが、彼がこの言葉を見送りの学生たちに吐いたのは馬上からであったとされることから、彼がはっきりとこの言葉を述べたかどうかは疑わしいという説もある。また、「青年よ、大志を抱け！」には続きがあり、稲富栄次郎『明治初期教育思想の研究』（一九四四年）によれば、「青年よ大志をもて。それは金銭や我欲のためにではなく、また人呼んで名声という空しいもののためであってはならない。人間として当然そなえていなければならぬあらゆることを成しとげるために大

さっぽろ羊ヶ丘展望台に建つクラーク博士の全身像（像の制作は 1976 年）

志をもて」という訳になるという。

確かに、わかれの際にこのような長い言葉を述べられても、はっきりと聞き取ることは難しいかもしれないが、いかがだろうか。

最晩年の南方熊楠を悩ませた亡き義姉と乳母の亡霊

幼少の頃から抜群の記憶力を持ち、「歩くエンサイクロペディア（百科事典）」と讃えられた博物学者・南方熊楠《みなかたくまぐす》。

彼のとてつもない有能さを象徴する出来事があったのは、還暦をとうに越した晩年の一九二九（昭和四）年のこと。なんと、昭和天皇が和歌山へ行幸した際の御進講役を仰せつかったのである。熊楠に託されたのは昭和天皇への生物学の御進講で、同年六月一日、熊楠は田辺湾内の神島《かみしま》沖の戦艦「長門《ながと》」艦上にて昭和天皇を迎えた。

ウミヘビやクモ、ヤドカリ、菌類などの御進講が二十五分ほど続くと、昭和天皇は五分間の延長を望んだというから、熊楠の講義は大変興味深かったのだろう。

またこのとき、熊楠は昭和天皇への献上品を用意していた。献上品とは粘《ねん》菌《きん》の標本一一〇種だったのだが、熊楠はそれらをキャラメルを詰める大きな段ボール箱に入れて献上した。昭和天皇はのちにこのときのようすを渋沢敬《しぶさわけい》三《ぞう》に「南方はキャラメル箱に詰めてきたよ」と語ったという。一方の熊楠は「小生ごとき薄運の者すら長生きすれば天日を仰ぐの日もあるなり」と、その感激ぶりを表現している。

さて、このあとから熊楠の最晩年がはじまるわけだが、一九三九（昭和十四）年頃から彼を悩ませたのが義姉の亡霊だった。

義姉は熊楠の父と先妻とのあいだにできた娘で、熊楠の実母と折り合いがつかず、家を出てからは博徒《ばくと》の妾《めかけ》や娼婦に身をやつし、結核で亡くなったとされる。その義姉の亡霊が出てきては熊楠を悩ませたのであった。

さらに、翌年には熊楠の乳母の亡霊も出てきた。熊楠はそれに対し、戒名《かいみょう》を付けたり、法事をしたりして霊を鎮《しず》めることに必死だったようだ。

実は、一九二五（大正十四）年頃から、熊楠をもっとも悩ませていたのが一人息子・熊弥《くまや》の病気で、高校受験に向かう途中で発狂した彼はその後入院生活を送っていたが、看護人が急死したり、転院を繰り返すなどしたため、熊楠の疲労は極限に達していた。その精神的な疲れが、熊楠に亡霊を見せる要因の一つになったといえなくもない。

一九四一（昭和十六）年十二月、太平洋戦争が勃発してまもなく、熊楠は病状が悪化し、七十五年の生涯を閉じた。熊楠が眠っているのは、昭和天皇に御進講した神島が望める高山寺《こうざんじ》（和歌山県田辺市）である。

還暦をすぎても「精力的」に生きた勝海舟

勝海舟《かつかいしゅう》は、咸臨丸《かんりんまる》の艦長として日本人初の太平洋横断航海に成功し、戊辰《ぼしん》戦争の際には西郷隆盛《さいごうたかもり》と会談して江戸城総攻撃を回避し、無血開城を成功させるなど、幕末の歴史においては欠かすことのできないキーパーソンである。

だが、維新後の勝の姿を追っていくと、それまでの英雄としての評価とは異なった面があることに気付く。

それが、勝の「好色ぶり」である。

勝は正妻・民子とのあいだに夢子、孝子、小鹿、四郎という四人の子どもがいたが、晩年になると四人の妾を持つようになり、彼女らとのあいだにも子どもができている。

長崎の妾・梶久子（通称「おくま」）には梅太郎（三男）、女中・増田いとには逸子（三女）、女中・小西かねには七郎（四男）、小間使い・森田米子には妙子（四女）がいるといった具合である。

米子が妙子を生んだのは一八八四（明治十七）年であるが、このとき勝はなんと還暦を越えた六十二歳だった。明治維新後、新政府の海軍卿、参議、伯《はく》爵《しゃく》、枢密顧問官など、政府の要職を歴任していた勝だったから、それなりに生活の余裕があったのだろう。

また、勝は元来気力体力ともに旺盛で、『吹塵録《すいじんろく》』や『陸軍歴史』『外交余勢』などの著作は、彼の許へやってくる信奉者に対しさんざんしゃべりまくったあとに暇を見つけて執筆していたほどである。

そんな勝だったから、彼の最期を看取ったのは正妻の民子ではなく、女中のいとだった。倒れている勝を発見したいとが、民子にそのようすを伝えたのだった。

そのため、勝の死から六年後に民子が亡くなるとき、遺言としたのは「勝の側には埋めて下さるな。わたしは小鹿の側がいい」というものであった。このときすでに小鹿はこの世におらず、彼女は夫よりも息子の側で永遠に眠りたいと望んでいたのである。

なお、勝の墓は洗足池《せんぞくいけ》（東京都大田区）のほとりに民子と並んで建っている。一見すれば、仲睦《なかむつ》まじい夫婦の姿を読み取ることができるが、内実はそうではないようである。

多くの謎を残してこの世を去った井原西鶴

江戸前期の浮世草子作家である井原西鶴《いはらさいかく》（本名は平山藤五《ひらやまとうご》）。

処女小説『好色一代男《こうしょくいちだいおとこ》』を皮切りに、『好色五人女』『武道伝来記』『日本永代蔵《にほんえいたいぐら》』『世間胸算用《せけんむねざんよう》』など、好色物、武家物、町人物といった多岐にわたるジャンルの小説を著した人物である。

また、彼のもう一つの顔が俳諧師《はいかいし》としてのもので、実は彼が頭角を現したのは俳諧の世界が最初であった。二十一歳で俳句の点者（師匠）になっている事実からもそれは読み取れる。

一六八四（貞享元）年六月には、一日のうちに二万三五〇〇句を詠むという超人的な記録を達成してもいる。これは摂津国の住吉神社にて行なわれた矢数《やかず》俳諧での出来事で、時間を区切ってより多くの句を生み出すというこの場において、西鶴は四秒に満たない短時間で次々と句を詠み上げていったのだった。

だが、この生きざまが影響したのだろうか、小説における最後の作品と伝えられる『世間胸算用』を刊行したあと、目を患《わずら》った。西鶴は書簡において、このように述べている。

「今程目をいたみ、筆も覚え申さず候」

そして、一六九二（元禄五）年三月には、三人の子どものうち盲目の娘が亡くなっている。西鶴の妻は一六七五（延宝三）年に二十五歳という若さで没しているが、そのとき三人の乳飲《ちの》み子がいた。

このとき西鶴は三十四歳だったが、西鶴はその後再婚せず、三人の子どもを育てていたのだ。

なお、残りの二人の子どもについては記録がまったく残っていないため、消息は不明である。

一六九三（元禄六）年八月、西鶴は大坂鑓屋《やりや》町で亡くなった。享年五十一。死因は虚労（肺結核症）であるとされる。

遺体は誓願寺《せいがんじ》（大阪市中央区）に葬られ、下山鶴平と北条団水が墓を建立したと伝わるが、このうちの下村鶴平については不明な点が多く、謎の人物となっている。

西鶴の生涯については、解明されていないことも多いのである。

政界からの引退後も心身が休まらなかった吉田茂

戦後を代表する政治家といえば、吉田茂《よしだしげる》だろう。

外務省に勤務し、駐英大使などに就いた吉田は戦争に否定的だったため、戦中は反政府活動の嫌疑によって憲兵隊に拘置されている。

戦後の一九四六（昭和二十一）年五月、吉田は首相の座に就いたが、このとき彼は六十六歳。かなりの遅咲きであったが、都合五次にわたって内閣を組織し、一時期の中断をはさむものの、その期間は七年にもおよぶものだった。吉田が戦後を代表する政治家といわれる所以《ゆえん》である。

さて、吉田が政界を引退したのは一九六三（昭和三十八）年十月で、八十五歳のときのことだった。

政界から完全に引退したのだから、悠々自適な晩年が訪れるかと思いきや、政治家たちはやはり吉田を放っておくことはなかった。政界で「大磯《おおいそ》参り」とも称されるほど、吉田の許には政治家や財界人が引きも切らずに訪れることとなる。

大磯は吉田の私邸があったところで、三万六〇〇〇坪という広大な敷地を持っていた。吉田はその私邸を「海千山千楼《うみせんやませんろう》」と名付けていた。政界や財界でのし上がっていく者たちは手練手管《てれんてくだ》に長けた海千山千(「したたか者」の意味)が多い。彼らを吉田はそう皮肉ったわけだ。

だが、政界を引退した吉田に、この世に留まる時間はあまり残されていなかった。一九六六(昭和四十一)年に心筋梗塞で入院すると、翌年十月二十日、亡くなった(享年八十九)。

最晩年、気分のよい日は別邸の高台にまで歩いて行き、ベンチに腰掛けて富士山や相模湾を望むのが楽しみであったという。吉田は富士山が大好きで、私邸の居間には大工の反対を押し切って、富士山が見える西向きに大きな窓をつくらせたというエピソードも残っている。

なお、先述した吉田の私邸一帯は、現在では神奈川県立大磯城山《じょうやま》公園として整備され、一般公開されている（入園は無料）。敷地内に建つ吉田の銅像付近からは富士山や相模湾、伊豆半島が一望できる。

死ぬ間際まで庶民感覚を失わなかった小林一三

明治、大正、昭和を通して、数々の事業に携わった実業家・小林一三《いちぞう》。日本初の住宅ローンを考案し、世界初のターミナルデパート・阪急百貨店を開業するなど、民営鉄道を基盤とするビジネスモデルを構築したのが一三であった。

一三の天才的な経営感覚がはじめて発揮されたのは、箕面有馬《みのおありま》電気軌道（のちの阪神急行電鉄）の追加発起人となったのが最初で、乗客を増やすためにまず取り組んだのが宝塚新温泉（のちの宝塚ファミリーランド）の開設だった。大規模な温泉施設を開くことで、とにかく人を呼び込もうというアイデアであった。

そして、一九一三（大正二）年には宝塚少女歌劇団を創設（初公演は翌年）。もともとは大阪の三越にあった少年音楽団を模したものだったが、それを少女で行なうという奇抜な発想がうけ、人気となったのだった。

独創的な手法で鉄道会社の多角経営の基礎をつくった小林一三（国立国会図書館蔵）

以降、東宝映画の設立など実業家としてだけではなく、戦前の一九四〇（昭和十五）年には商工大臣、蘭領印度特派使節に就任、戦後の一九四五（昭和二十）年十月には国務大臣兼戦災復興院総裁といった政治家としての面もあった。一三はまさに、多才な男であった。

ではその後、彼はどのような人生を送ったのだろうか。

　国務大臣就任の翌年、公職追放を受けた一三は、一九五一（昭和二十六）年にそれが解除されるまで不遇な毎日を送っていたが、その後は再びエンターテインメントの世界を再構築すべく立ち上がる。

　一三の最後の仕事となったのが、梅田と新宿にコマスタジアムを設立する事業で、完成は一九五六（昭和三十一）年のこと。梅田の方が完成したのが早く、同年十一月のことで、新宿はその翌月に開かれている。

　コマスタジアムは一三の長年のアイデアが詰まった劇場で、華やかな舞台転換や立体音響が特徴の、画期的な舞台となった。一三は建設中、足繁く通い、寒い工事現場であってもオーバーを羽織って工事の進捗《しんちょく》具合を見守っていたと伝わる。

　一三がこの世を去ったのはその翌年で、一九五七（昭和二十七）年一月二十五日のことだった（享年八十四）。当日は、梅田と新宿のコマスタジアムが完成オープンを迎えるまさにその日であった。

『怪談』を書いたあと、小泉八雲はどうなった？

ジャーナリストや新聞記者、教育者などを仕事にしながらアメリカ、西インド諸島（マルティニーク島）などをめぐり、一八九〇（明治二十三）年四月に横浜へ到着したラフカディオ・ハーン。ハーンはイギリス人の日本学者・チェンバレンの紹介により、島根県立松江中学校の英語教師となり、すっかり松江に魅了され、引いては日本のとりことなる。

そして、翌年、風邪を引いて寝込んでいたときに看病してくれたのが小泉節子（セツとも）で、彼女と恋仲になったハーンはそのまま結婚。

一八九六（明治二十九）年、日本に帰化し、節子の名字になって小泉八雲《こいずみやくも》と名乗った。名前の「八雲」は古歌の「八雲立つ出雲八重垣《いずもやえがき》」から取ったという。

八雲はその二年前、英字新聞「神戸クロニクル」からの招聘《しょうへい》によって神戸に赴任していたが、松江や、その次に住んだことのある熊本とは異なり、近代化が進んでいた神戸になじむことができず、東京へ移ることに決めた。

東京では、東京帝国大学の英文学講師として教壇に立った。

八雲が自身の代表作となる『怪談』をアメリカおよびイギリスにて刊行したのはこのあとで、一九〇四（明治三十七）年のこと。妻・節子らに朗読させた日本の怪談を英語でわかりやすく書き直したものだった。

だが、この頃の八雲の私生活はまったくうまく運んでいなかった。

刊行の前年には契約更新におけるトラブルから同大学を辞し、翌年三月に早稲田大学の英文学教授として迎え入れられたものの、同年九月に狭心症により急逝してしまうのだ。

実は、八雲はそれ以前から狭心症の発作に襲われており、妻・節子に「ママさん、先日の病気また帰りました（註：発作が起こったということ）」といって横になると、「ああ、病気のため！」といって亡くなったという（享年五十四）。

なお、八雲の著作といえば『怪談』ばかりが有名だが、神戸在住以降に書かれた「日本人の微笑」（『知られぬ日本の面影』所収）は、自我を全面に押し出す西欧を「正」とし、そうではない日本を「負」と見る当時の世界的な風潮に八雲が真っ向から反論したものとして、隠れた名文といえる。日本を心から愛した八雲だからこそ書くことができた文章であった。

帰国後、金と女に惑わされた「日本美術界の恩人」フェノロサ

明治前半の日本美術界において、その技術と特異性が世界屈指のものであることを日本人に知らせてくれた、アメリカの東洋美術史学者アーネスト・F・フェノロサ。

大森貝塚の発見で有名なモースの推薦によって一八七八（明治十一）年八月に初来日したフェノロサは、東京大学で哲学、政治学、理財学を講義することになったが、滞在中、日本美術の収集に興味を持ちはじめ、狩野《かのう》派の絵師との交流がはじまる。

それが岡倉天心《おかくらてんしん》との出会いの場を設け、一八八四（明治十七）年に天心と

ともに奈良の法隆寺《ほうりゅうじ》の夢殿《ゆめどの》を強制的に開扉させるという出来事につながった。これは法隆寺の僧侶が「扉を開けたら災厄《さいやく》が降り掛かる」とかたくなに拒否したことを崩して行なわれたことであったが、このことによって天心は日本美術の素晴らしさを痛感し、のちにその保護・育成へと繋がっていった。

このような意味合いにおいて、フェノロサは「日本美術界の恩人」と称されることがある。

さて、明治政府は日本を世界に比肩できるような強国にするため、法律や経済、政治、鉄道、美術など各分野にわたって海外から有能な学者を招聘していたが、明治中期になってある程度日本の復興・発展が軌道に乗ってくると、「お雇《やと》い外国人」と称された彼らはお払い箱になっていく。フェノロサも、そんな学者の一人となった。

では、アメリカに帰国後の彼はどのような人生を送ったのだろうか。

一八九〇（明治二十三）年に帰国したフェノロサは、ボストン美術館の東洋部長に就任する。とはいえ、このポストは、彼が日本で収集した品々を同美術館に売却し、それを整理・分類するためのものであったから、栄進といえるものではなかったといえる。

また、フェノロサはすでに結婚していたにもかかわらず、同美術館の助手だったメアリと恋愛関係となり、その後、妻・リジーと訴訟沙汰となっている。メアリもまた結婚していたから、いわゆる「ダブル不倫」であった。その後、フェノロサはこの訴訟に当然ながら敗れ、離婚のうえ莫大な慰謝料を払わされることとなった。

なお、彼とメアリは一八九五（明治二十八）年に結婚している。

さらに、その翌年にはボストン美術館に無断で『日本浮世絵目録』を出版するという契約違反を起こし、理事会と対立。その後、日本での就職先を求めて二度来日するが、高等師範学校の非常勤講師になったのがせいぜいで、以前のような花形の職に就くことはできなかった。

フェノロサは、一九〇八（明治四十一）年九月、ロンドンにて心臓発作で亡くなった（死因は狭心症）。享年五十五。彼の遺骨は、三井寺法名院《みいでらほうみょういん》（滋賀県大津市）に埋められている。

能楽の大成者・世阿弥がすごしたあまりにも不遇な晩年

日本が誇る伝統芸能「能楽《のうがく》」は、現在ではユネスコの世界無形文化遺産にも登録され、世界にも知られる芸能である。

室町時代、この能楽を大成したのが世阿弥《ぜあみ》（本名は観世元清《かんぜもときよ》）である。

世阿弥は観阿弥《かんあみ》の長男で、一三七四（応安七）年、今熊野で父とともに足利義満《あしかがよしみつ》の前で『翁《おきな》』を演じたときに義満に才能と容姿を認められ、寵愛《ちょうあい》を受けるようになった。つまり、男色の相手である。

このとき、世阿弥は十二歳にすぎなかった。

だが、世阿弥は義満の庇護のもと、能楽を大成するという使命を叶《かな》えていく。そんな絶頂期に書かれたのが『風姿花伝《ふうしかでん》』で、幼少から一人前になるまで、亡き父の力を借りて見聞してきたことがらを後世に伝えようとした書物である。

同書において世阿弥は「その風《ふう》を得て、心より心に伝ふる花なれば、風姿花伝と名付ける」（先人の芸風を体得して、以心伝心《いしんでんしん》で伝えていく花であるから、風姿花伝と名付ける）と記して、書名の由来と、自らの思いを伝えているのだ。

さて、現在伝わる能楽の作品のうちの三分の一を手掛けたとも伝わる世阿弥だが、庇護者である足利義満が亡くなってからは不遇な人生を送ることになってしまう。

義満の三代あとの六代将軍・足利義教《よしのり》の治世になると、義教は世阿弥の甥の音阿弥《おんあみ》を寵愛していたため、能楽界における世阿弥の力は削《そ》がれることになったのだ。

しかも、世阿弥は一四二二（応永二十九）年頃、出家し、観世大夫（シテ方観世流の家元）を息子の元雅《もとまさ》に譲っていたが、親子ともに冷遇されたうえ、元雅が急死してしまうのである。

さらに、いまだに理由は定かではないが、世阿弥はその後佐渡へ配流《はいる》となってもいる。一説によると、刑を許されたのちは娘婿である金春禅竹《こんぱるぜんちく》の許へ身を寄せたともいわれるが、それも明らかではない。

「高砂《たかさご》」「老松《おいまつ》」「清経《きよつね》」など、彼が残した作品だけが、世阿弥の全盛を物語っている。

蝦夷征伐のあと、坂上田村麻呂はどうなった？

平安時代の武将として有名なのが、坂上田村麻呂《さかのうえのたむらまろ》である。

伝わるところによると、田村麻呂は身長が五尺八寸（約一七五センチ）、胸の厚さが一尺二寸（約三六センチ）、体重が二〇一斤（約一二〇キロ）という当時としては大男で、目は蒼鷹のごとく、髭《ひげ》は金色であった。ひとたび怒れば誰もが恐れをなしたが、普段は優しい性格であったようだ。

そんな田村麻呂のいちばんの功績といえるのが、蝦夷《えみし》討伐である。蝦夷とは、一言でいえば「東北地方の住民」という意味である。

七九四（延暦十三）年、田村麻呂は征東副使として一〇万の兵を率いて蝦夷を北方へ追い、三年後、今度は征夷大将軍として四万の兵を率いて胆沢《いさわ》地方に進出。そこに城を築いてさらに北上し、蝦夷の首長・阿弖流為《あてるい》を帰順させた。

この田村麻呂の功績により、律令国家の支配権は東北地方におよぶことになったのであった。平安王朝の基盤を築いたうちの一人が、坂上田村麻呂といえるだろう。

では、それから田村麻呂はどうなったのだろう。

実は、こんな勇猛果敢《ゆうもうかかん》な武将が放っておかれるはずもなく、天皇の寵愛を受けることになったのだ。また、田村麻呂に特徴的なのは、「薬子《くすこ》の変」（八一〇年）という政変において、嵯峨《さが》天皇方の武将として平城《へいぜい》上皇方の面々を捕縛《ほばく》すべく派遣されているということだ。つまり、今度は内乱への対応に関与することになったのである。

そして、薬子の乱が平定したことにより、田村麻呂は嵯峨天皇から深く信頼されるようになり、八一一（弘仁二）年一月、渤海《ぼっかい》国からの使者の接待役を務めたことを最後に、同年五月、病により五十三歳で亡くなった。

ちなみに、京都でもっとも有名な観光地の一つである清水寺《きよみずでら》を建てたのは田村麻呂である。『今昔物語《こんじゃくものがたり》』によれば、由来はこうなる。

彼が産後まもない妻に食べさせようと鹿を捕え、さばいているときに、不思議な水が流れていることに気付いた。飲んでみると、彼は身も心もさわやかになった。その後、田村麻呂が清水の源泉を探そうと流れをたどっていくと、滝の下で読経をしていた賢心《けんしん》という僧侶に出会ったのだった。

この話を帰宅後に妻にしたところ、自分の病と引き換えに生き物の命を失わせてしまったことを深く後悔し、住まいを使って寺にすることにしたという。そして、田村麻呂と賢心が築いたのが現在の清水寺であるという。

危険視されていた行基が聖武天皇から優遇されたワケとは？

奈良県奈良市の近鉄奈良駅前の広場には、一人の僧侶のブロンズ像が建っている。その僧侶の名を、行基《ぎょうき》という。

なぜ行基の像が奈良市内に建っているのかといえば、この人物こそ古代の奈良の歴史に多大な貢献をしたことによっている。それが、東大寺の大仏さま（盧舎那仏《るしゃなぶつ》）の建立にまつわるものである。

法相宗《ほっそうしゅう》の僧侶・道昭《どうしょう》に師事した行基は、師のもとで仏の教えを学ぶことはもちろん、建築や井戸掘り、造船などの技術を教わっている。その知識が、彼をして各地に橋や布施屋《ふせや》（交通の要地や難所に建てられた人民のための給食・宿泊施設）を築かせ、民衆のあいだに行基という名を広く知らしめることに繋がったのだろう。

だが、行基の評判は朝廷から見てみれば、「民衆を一つに束《たば》ねる危険人物」以外の何者でもない。七一七（養老元）年には、朝廷は行基に対して禁令を発し、托鉢《たくはつ》の行為を諫《いさ》めている。また、「行基は徒党を組んで、指に火をつけ、肘の皮をはいで写経し、百姓を惑わしている」といった批判をすることで、行基の評判を地に落とそうと躍起になったのだった。

ところが、その後、行基の立場が一変する。

それはなぜか？　実はこの頃、奈良には盧舎那仏が建立される計画が持ち上がっており、それには資金を集めることが先決なのだが、行基の弟子たちこそ資金集めのために駆り出されたのであった。

行基はこのあと、仏教界での最高位である大僧正《だいそうじょう》にまで登り詰めることになるが、それは大仏建立のための資金集めを考慮に入れてのことと考えることもできるわけだ。

なお、『続日本紀《しょくにほんぎ》』によれば、聖武《しょうむ》天皇が盧舎那仏を奉納しようとしたきっかけは、河内を行幸した際に有志の手によって築かれた寺があるのを知ったことによるものとされるから、仏教的な発心《ほっしん》といおうか、菩提心《ぼだいしん》から盧舎那仏を奉納しようと考えたようである。

だが、世の中は計算づくでないとものごとが進まないときもある。ましてや、莫大な資金を要する大仏さまの建立にあたっては、資金を集めるブレーンがたくさんいるに越したことはない。

朝廷からの行基の評価が一変したのには、そのような理由もあったのである。

晩婚ながら、ものすごく子宝に恵まれた杉田玄白

杉田玄白《すぎたげんぱく》といえば、『解体新書《かいたいしんしょ》』を前野良沢《まえのりょうたく》や中川淳庵《なかがわじゅんあん》らと共同で翻訳した蘭方医として知られ、「蘭学の祖」とも称される。

『解体新書』は元本である『ターヘル・アナトミア』を翻訳したもの（一七

七四年刊行）だが、小塚原《こづかっぱら》（現・東京都荒川区。骨ケ原《こつがはら》とも）での腑分《ふわ》け（解剖）に立ち会ったことがきっかけとなり、翻訳に着手することができたという。

さて、『解体新書』を翻訳・刊行したあとの杉田玄白はどんな人生を送ったのだろうか。

玄白が結婚したのは同書の翻訳作業中だったのだが、実はその後の彼は艶福家《えんぷくか》（女性にモテる男性）となり、なんと二人の女性のあいだに二男六女ももうけているのだ。

しかも、いちばん下の子どもが生まれたのは玄白が六十四歳のときで、この年の前年には娘が子どもを生んでいるから、彼自身はおじいちゃんの身であった。何とも旺盛な人である。

最初の妻は登恵《とえ》といい、結婚したのは一七七三（安永二）年のこと。実はこのときすでに玄白は不惑を迎えていたから、晩婚だったといえる。

夫婦仲はよかったようで、結婚の翌年に長男が生まれたのをはじめ、登恵とのあいだには一男二女が生まれたが、虚弱体質だった長男が夭逝し、妻も三年の闘病ののちに亡くなってしまう。

せめてもの救いは、登恵が逝った翌年の一七八九（寛政元）年に長女・扇と養嗣子《ようしし》・伯元が結婚したことであった。これでひとまず杉田家の家系は後世に受け継がれることになり、玄白はほっと一息ついたことだろう。

だが、実は玄白には「いよ」という妾がいて、登恵が亡くなる前にはすでに二人のあいだには男児が生まれていたというから、玄白も罪つくりな男である。そして、登恵亡きあとはいよを後妻に迎え、一男三女をもうけた。これで、玄白には二男五女がいたことになる。

玄白が亡くなるのは一八一七（文化十四）年、八十五歳のときのことだが、その十年ほど前までは江戸中を往診して歩いたという。もともと虚弱体質で長くは生きられないと考えていたため、家名を繋ごうと子づくりに励んだ面もあるのだが、結果的には長寿の人生であった。

盛大な国民葬で送られた政治家・大隈重信

明治・大正期の政治家として、国民から多くの支持を集めた大隈重信《おおくましげのぶ》。早《わ》稲《せ》田《だ》大学の前身となった東京専門学校の創立者としても知られるが、その人気は最晩年になっても衰えなかったといえる。

彼は生涯で二度内閣を組織しているが、一度目は憲政党を率いて日本初となる政党内閣を組織したもののわずか四か月あまりで瓦解《がかい》し（一八九八年）、二度目になって、第一次世界大戦の好景気を背景として国民的な支持を集めることができた（一九一四年）。このとき、大隈は七十七歳になっていた。

元老・山県有朋《やまがたありとも》に担ぎ出された、いわばピンチヒッターとしての組閣ではあったが、大戦景気に湧く世論を味方に、一九一五（大正四）年には総選挙を実施。これにも大勝して、大隈の人気の高さをうかがわせたのだった。

ところが、その後、選挙前に外務大臣・大浦兼武《おおうらかねたけ》が野党の代議士らに賄賂《わいろ》を送っていたことが発覚、急速に支持率を落とし、首相を降りざるをえなくなる。また、大隈は元来山県と仲が悪く、後継者問題でも山県と対立し、政治の表舞台から去って行ったのであった。

だが、陰気な山県と違って、あけっぴろげで大らかな大隈は国民的な人気が高く、その評価は死後も変わることがなかった。

一九二二（大正十一）年一月十日、大隈は胆石症により八十五歳で亡くなるが、その後に営まれた日比谷公園での彼の葬儀にはなんと一五〇万もの人びとが訪れ、霊前には三〇万の人びとが列をなして並んだという。

死亡時、大隈は政府の要職に就いていたわけではなかったので、国葬とはならず、このような国民葬で送られたのだった。

第4章

史実のウラにある
隠された「その後」

ロシア皇太子と一緒に帰国!? 生存説が根強かった西郷隆盛

一八七七（明治十）年九月二十四日、午前七時。幕末維新期の日本を背負った一人の巨星が、この世を去ろうとしていた。田中万逸『大西郷終焉悲史』には、このようにある。

「大西郷は、依然従容自若として、
『晋殿《しんどん》、晋殿』
と別府を差し招き、
『晋殿、殺《や》ッ呉《く》いやい。もうこの辺で可《よ》かろ！』
と首さし延べて凛《りん》として言った」

五万の政府軍による総攻撃を受けた西郷隆盛は、戦の途中で大腿部に一発の銃弾を受ける。もはや逃げ切れる状態になくなった隆盛は、そこで意を決した。隆盛は別府晋介《べっぷしんすけ》に介錯《かいしゃく》を頼み、果てたのであった。

これが一般的に伝えられるところの西郷隆盛の最期であるが、征韓論《せいかんろん》の論争に敗れて下野し、故郷の鹿児島で私学校を設立したことから、私学校の青年たちの先頭に立たねばならなかった隆盛は、「悲劇の英雄」として生存説が語られることになった。

隆盛の生存説が流布《るふ》するようになったのは、隆盛の遺体に首がなかったことがおもな要因であろう。別府が介錯したあと、首がどこに行ってしまったのかは不明だが、このことが発端となったのか、隆

盛の死後からひと月あまり経った翌月二十七日の「読売新聞」には、「尾張名古屋周辺では、西郷が死んだと云ふ新聞は虚《うそ》だ、今にまた土州へ首を出すの、船で四国へ逃げたのだとか、中には再び出る出ないの賭をする者も有る様子」と、当時の盛り上がりぶりが書かれている。

ただし、「賭をする者も有る」という箇所に、当時の人びとの真剣さの欠如が垣間見ることができて興味深い。

さらに、隆盛の死から十四年後の一八九一（明治二十四）年には、隆盛の生存説が再燃。なんと今度は、いま現在隆盛はロシアのシベリアでロシア兵と訓練に明け暮れており、ロシア皇太子とともに日本へ戻ってくるというものであった。

この時代といえば、ロシアがシベリアや朝鮮半島へ触手《しょくしゅ》を伸ばしている頃であり、当然ながら日本も仮想敵国としてロシアを重要視していた。このような情勢下、日本とロシアが手を結ぶ際のキーパーソンとして隆盛が選ばれたものと思われる。巨星は、死んでも休まる暇がないのであった。

満映のプロデューサーに就くも、青酸カリで自殺した甘粕正彦

軍人である甘粕正彦《あまかすまさひこ》の名が世に知れ渡ったのは、一九二三（大正十二）年の大杉栄《おおすぎさかえ》虐殺事件のときが最初である。このとき三十二歳だった甘粕は東京市麹町《こうじまち》憲兵分隊長という肩書で、アナーキストの大杉栄や伊藤野枝《いとうのえ》、橘宗一《たちばなそういち》の三人の虐殺に関わった容疑で禁固十年という判決を受ける。

ところが、その三年後には出所を許されて新妻とともにフランスへ渡り、のちに再び陽のあたる場所で任務を全うすることになる。その舞台が、満洲であった。

はじめ、満洲にて関東軍の謀略工作に加わっていた甘粕は、一九三二（昭和七）年三月に満洲国が建国されると民政部警務部長に就任し、一九三七（昭和十二）年八月に満洲映画協会（満映）が設立されると、その二年後には満

映の理事長に就くのだ。大杉栄虐殺事件の首謀者から満映理事長と、甘粕の経歴は捉えどころがないが、この甘粕について満洲国皇帝だった溥儀《ふぎ》はこのように述べている。

「このいかにも礼儀正しい、細縁の近眼鏡をかけた人物に、そのような異常な経歴があろうとは、私はどうしても想像することができなかった」(『わが半生』)

人気女優の李香蘭《りこうらん》を擁し、『白蘭《びゃくらん》の歌』(一九三九年)などの大ヒットを飛ばして人心を掌握した満映を率いた甘粕だったが、一九四五(昭和二十)年八月十五日の玉音《ぎょくおん》放送とともに自身の立場は一気に危うくなった。満洲国も音を立てて崩れる寸前であった。

同月二十日、理事長室から何かが落ちるような重い音がしたので、映画監督・内田吐夢《うちだとむ》が足早に室内へ飛び込むと、顔面蒼白のこと切れた甘粕がソファーに横たわっていた。青酸カリを飲んだことによる自殺であった。

自死の三日前、甘粕は辞世の句を詠んでいる。

「大ばくち　身ぐるみぬいで　すってんてん」

この句の真意は定かではないが、満洲での活動に自身の何かを賭けていたようすが垣間見えて、悲しい。翌年四月、甘粕の遺体は妹・璋子《たまこ》の願いによって荼毘《だび》に付され、現在は多磨《たま》霊園（東京都府中市）に墓が建っている。

「満洲国の昼の支配者は関東軍司令官、夜の支配者は甘粕正彦」とまでいわれた権力を持ちながら自害した甘粕。その評価はいまもって定かではない。

最後まで「伊達者」だった独眼竜・伊達政宗

お洒落で粋な振る舞いをする人のことを俗に「伊達者《だてもの》」というが、この言葉は戦国武将・伊達政宗《だてまさむね》に由来するものであることはよく知られている。

豊臣秀吉と領土に関して対立した際に、政宗は死装束を身にまとって謁見《えっけん》し、秀吉との遺恨を解消したというエピソードや、秀吉の死後には徳川家康の六男・松平忠輝《まつだいらただてる》と長女・五郎八姫《いろはひめ》を婚約させて家康との接近を図るなど、現代にまで伝わる政宗に関する話には、人生をうまく立ち回ることが可能な生まれ持った才能を感じることができる。

さて、そんな政宗であるが、関ヶ原の戦い（一六〇〇年）以降、どのような人生を送ったのだろうか。

調べてみると、政宗はその後も伊達者として生きていたことがわかる。

たとえば、一六三五（寛永十二）年六月、参勤交代が制度化されたときのこと。三代将軍・徳川家光《いえみつ》が諸大名を前にして「今後、諸氏を家臣として遇する」とのたまうと、家光の前に躍り出たのが政宗だった。そして政宗はいう。「命令に背《そむ》く者あらば、この政宗に討手を仰せつけられよ、即座に踏み潰して見せよう」と。こうして家光の心をグッとつかんだ政宗は、家光から何挺もの鉄砲を与えられたのだった。そのほかの大名は、「伊達中納言の申す通りに候」と、政宗の言いに従うしかなかったのだ。

だが、政宗にも老いはどんどんと忍び寄る。政宗はこの頃からすでに体調

が悪く、食欲不振や嚥下《えんげ》困難の様相を呈していたのだ。
一六三六（寛永十三）年五月二十一日、江戸の桜田門外の藩邸に将軍の家光が見舞いに訪れたとき、威儀を正して将軍にお目見えした政宗であったが、二日後には小用後に自力で寝床に戻れないほどに体が弱くなり、二十五日の卯の刻（午前六時）、この世を去った。
政宗はその最期、脇差しを床のうえに置いて西（浄土）の方角を向いて合掌すると、そのまま倒れたと伝わる。
最後まで伊達者としてのエピソードに彩られた政宗であった。

恐妻家の家庭人としてすごした「ラストエンペラー」溥儀

清《しん》朝最後の皇帝のみならず満洲国皇帝としても担がれ、時代に翻弄された「ラストエンペラー」溥儀《ふぎ》。一九四五（昭和二十）年八月十七日、日本の敗戦に伴い満洲国皇帝の座を退いた溥儀は、日本への亡命を希望したため、親族らとともに小型の飛行機に乗り込んだ。このまま日本へ到着すれば、彼は少しはまともに処遇されたかもしれない。

ところが、なぜか立ち寄った奉天《ほうてん》の空港で休息しているとき、十数機のソ連軍の飛行機が襲来し、空港を占領。溥儀はソ連軍の捕虜となってしまったのである。

ハバロフスクでの五年におよぶ収容所暮らしののち、溥儀の身柄は中国政府に引き渡され、かつて自身が皇帝を務めていた満洲国の撫順《ぶじゅん》にある戦犯管理所に収監された。だが、毛沢東《もうたくとう》や周恩来《しゅうおんらい》らの寛大な計らいにより、思想改造に取り組むことで命は保証された。溥儀が特赦によって自由の身となるのは一九五九年のこと。溥儀は五十三歳になっていた。

管理所からの出所後、自伝の執筆をおもな仕事としていた溥儀は、一九六二年四月、政協（中国人民政治協商会議全国委員会）の勧めによって、看護婦の李淑賢《りしゅくけん》と結婚する。清朝の皇帝として生を享《う》けた溥儀だったから、一般人として生活することは教えられていない。家事の能力はほとんどなかった。

さらに、彼を悩ませていたのが、性的に不能だったことである。幼い頃から宮廷の女性に囲まれていた溥儀は、一説によると同性愛者だったともいわれている。

政協の文史資料研究委員会の同僚である沈酔によると、宦官《かんがん》は大きな苦痛を受けたあとに不能となるのに、自分は苦痛を受けていないのに宦官になってしまったと述べている。宦官は宮廷に仕える男性のことで、去勢されたうえで仕えることになっている。溥儀は去勢されたわけではないが、自身がそうなってしまったと嘆いているというわけである。溥儀は一九六七年十月、六十一歳でこの世を去った。

妻の李淑賢も、溥儀の家庭人としての能力の低さには悩まされたようで、溥儀に対しては怒りを覚えることが少なくなかったようだ。

なお、李淑賢は正妻としては二番目で、最初の正妻は婉容《えんよう》といった。婉容は十七歳のときに溥儀と結婚したが、彼女もまた夫の性的不能に悩まされたと伝わる。

彼女はのちにアヘン中毒に陥るが、その原因の一つは夫のそれにあったともいわれるほどだ。

ちなみに婉容は、戦後、中国共産党軍に捕えられたのち、吉林《きつりん》省の監獄にて孤独のうちに亡くなったとされる。その遺骨がどこに眠っているのかさえ、いまだに不明である。

黄熱で亡くなった野口英世の死後にわかった驚きの事実とは？

二〇〇四（平成十六）年十一月より千円札の顔となった細菌学者・野口英世《のぐちひでよ》。一般的に知られている彼の最期は、「アフリカのガーナで黄熱《おうねつ》により志半ばでこの世を去った」とするもので、一九一八（大正七）年に南米のエクアドルで黄熱の病原体「レプトスピラ・イクテロイデス」を発見したのちは、血清とワクチンをつくって多くの人命を救うことに貢献し、「人類の救世主」とまで呼ばれて一躍その名を世界に轟かせることになった。

ところが、彼の死後から十一年後の一九三七（昭和十二）年、ハーバード大学のマックス・タイラーが本当の黄熱ワクチンの開発に成功する。つまり、英世が生前につくったとされた黄熱ワクチンは「にせもの」だったのだ。

英世の在世中から、彼の黄熱に関する発見は間違いであるという論文が相

1928（昭和3）年、黄熱に感染し、死去した野口英世（国立国会図書館蔵）

次いで発表されていたが、それが裏付けられたことになる。

英世が黄熱の病原体として発見したのは細菌だったが、英世の死後に開発された電子顕微鏡によって黄熱の病原体が実はウイルスであることが判明する。細菌とウイルスとの違いは、細菌は細胞がなくても増えるのに対し、ウイルスは人や動物などの細胞の中で増えるということが挙げられる。

つまり、両者はまったく異なった性質があるのだ。病原体を細菌であるとして研究を進めていた英世が、黄熱の病原体を特定したとはいえないのは明らかであった。

さて、ここで英世の最期に関して、もう一つ重要な事実がある。それは、英世が黄熱を発症したのは終焉《しゅうえん》の地であるガーナのアクラではなく、ナイジェリアのラゴスだったということ。しかも、当時、ラゴスでは黄熱は流行しておらず、それはアクラも同様だったようだ。

これはいったい何を意味しているのか？　このことより、英世の最期に関しては学説の違いによる他殺説や、自説が否定されたことによる自殺説などが取り沙汰されることになった。そもそも英世がアフリカへ一九二七（昭和二）年に渡ったのも、自説を証明するための確認作業だった。

「どうも僕にはわからない」というのが英世の最後の言葉だったと伝わる。結果的に英世の研究は死後に否定されてしまったが、彼が命を賭けて黄熱の研究に邁進した事実が変わるものではない。

左遷された呪いか？ 死して名を残した菅原道真

わずか五歳で和歌を詠んだことから「神童」と称され、いまでも「天神《てんじん》さま」として親しまれている菅原道真《すがわらのみちざね》。

彼の晩年は、藤原時平《ふじわらのときひら》の讒言《ざんげん》によって九〇一（延喜元）年に右大臣の任を解かれ、大宰権帥《だざいごんのそち》に左遷されるというものだった。

では、そのあと道真はどうなったのか。

時平に「権力をほしいままにし、醍醐《だいご》天皇を退けようと画策した」との濡れ衣を着せられ、妻子を都に残し、罪人として日々を送っていた道真は、衣食もままならない生活を送り、歌を詠むことだけが心の支えだったという。そして二年後、失意のうちに任地先の大宰府《だざいふ》で生涯を閉じる（享年五十九）。

これが教科書などで伝えられる道真の生涯だが、実はその後に時平の手によって実行された土地改革（豪族の私的な土地所有を禁じ、民衆に土地を貸し与えて、土地に応じて税を取り立てるという政策）は生前の道真が常々考えていたものだった。つまり、時平は道真の政策をそのまま拝借したにすぎなかったのである。

結果的にこの改革は成功裡に終わったが、道真の功績として讃えられることはあまりない。道真の先見の明をいまこそ学ぶべきだろう。

さて、道真死後の都はというと、九〇八（延喜八）年に反道真の立場にあった藤原菅根《すがね》が変死したのを皮切りに、翌年には時平が三十九歳という若さで死去する。加えて、都には洪水や大火、渇水《かっすい》、水疱瘡《みずぼうそう》の流行など天変地異が相次いだ。当時の都では、時平は蛇に姿を変えた道真に取り憑《つ》かれて亡くなったという噂話がまかり通るようにもなった。

そして、時平の血を受け継ぐ皇太子らが次々と亡くなったことを受けて、藤原氏は「これは道真の怨霊《おんりょう》に違いない」として、その祟《たた》りを鎮《しず》めることを真っ先に考えるようになった。

その後、無実が証明された道真は、「天満大自在天神」という神様の称号を贈られ、藤原氏は京都の北野天満宮《きたのてんまんぐう》の社殿を増築し、道真の霊を鎮めたのであった。

「東風《こち》吹かば匂ひおこせよ梅の花　主なしとて春を忘るな」

大宰府に左遷されるときに、自邸の梅の花を見て詠んだと伝えられるこの歌に、道真の無念さが詰まっているように思える。

敵中突破した島津義弘
その判断は正しかったのか？

「天下分け目の戦い」と称される関ヶ原の戦い（一六〇〇年）。

歴史的な研究が進んだことによって、大勝したと一般的に考えられている徳川家康が実際には偶然の産物によって辛《から》くも勝利をえたにすぎなかったことが明らかになっている。

さて、そんな関ヶ原の戦いにおいて、西軍（石田三成方）に属しながらもなかなか兵を動かそうとしなかったのが島津義弘《しまづよしひろ》である。義弘が傍観を決め込んだことも、三成が家康に勝つことができなかった誤算の一つであった。

島津軍はどっち付かずで戦況を見ていたため逃げるのが遅くなってしまい、戦が終わりを告げようとしたときに敵である東軍の真っ直中を突破して「奇跡の脱出」を遂げる。

いわゆる島津軍の「敵中突破」作戦だ。

ではこれ以降、義弘はどうなったのだろうか。結果としていえば、義弘が傍観を決め込んだことによって島津氏を存続させることが可能となったのだった。

義弘の甥・島津豊久《とよひさ》と家臣・阿多盛淳《あたもりあつ》が義弘の身代わりとなって敵を引き付けているあいだに逃亡を図った義弘は、大坂で人質となっている妻を助け出すと領地である薩摩へたどり着くことに成功、桜島で蟄居《ちっきょ》する。

その後、兄・島津義久《よしひさ》が家康に詫《わ》びを入れることで本領を安堵《あんど》され、義弘

も許しをえることができたのである。
また、義弘がわが身を戦場から無事に帰らせることができたのも、家臣らのお陰であった。逆にいえば、義弘は家臣らから大変信望が厚かったともいえる。
義弘が一六一九（元和五）年に八十五歳で死去した際には、一三人の家臣が殉死したと伝わっているほどである。
義弘が長生きできたのは、彼自身が築き上げた家臣らとの関係性によるところが大きかったのだ。

織田信長に献上された黒人「弥助」はその後どこへ行った？

史料に記されている範囲において有名な異人の一人に「弥助《やすけ》」という人物がいる。

彼こそ、織田信長がはじめて対面した黒人で、ときは一五八一（天正九）年二月のことである。

その黒人は、イタリア人のイエズス会巡察師《じゅんさつし》・バリニャーノが航海の途中でアフリカから伴ってきた者で、京都へ連れてこられると、彼を一目見ようとたくさんの人びとが集まった。それは大変な騒ぎであったようで、興奮した者が投げた石で負傷する人がいたり、挙句《あげく》の果てには死者が出るありさまであったと伝わる。

都でこのような騒ぎになったことが信長の耳に入り、信長の滞在先である本能寺にイエズス会宣教師・オルガンティーノに連れられてその黒人は現れたのだった。

『信長公記《しんちょうこうき》』によると、「年齢廿六《にじゅうろく》、七《しち》と見えたり。惣の身の黒きこと牛のごとく。彼男すくやかに器量なり。しかも強力《ごうりき》十の人に勝れたり」とあるから、若くてかなりがっちりとした大男だったと想像できる。

この黒人に関するエピソードで有名なのが、信長の驚きぶりである。肌の色が黒いということをどうしても納得できなかった信長は、上半身の衣服を脱がせて入念に洗うよう指示したのである。

だが、洗ったことによって肌の色が変わるわけではなく、いっそう肌が黒く見えたことから、ここにきて信長はようやく黒人の存在を信じることができたという。

信長によってその黒人は「弥助」と名付けられ、信長は戦にも同行させている。

では、その後、黒人の弥助はどうなったのだろうか。

実は、信長が討たれた本能寺の変のとき、弥助も上洛していた。つまり、信長のすぐ側にいたのである。また、急襲されたときの弥助の行動は不明ながらも、信長自刃《じじん》後、信長の長男・信忠《のぶただ》が立て籠《こ》もる二条御所に駆けつけて明智の軍隊と戦ったようである。

イエズス会宣教師のある報告書によれば、「(明智の)家臣はこの黒奴(弥助)をいかに処分すべきか明智に尋ねたところ、黒奴は動物で何も知らず、また日本人でない故これを殺さず、インドのパードレの聖堂に置けといった」とあることから、弥助は明智軍との戦闘において殺されることはなく、教会に預けられたことが読み取れる。

「黒奴は動物」という記述は人種差別もいいところだが、当時の日本人の理解ではその程度しか持ち得なかったのだろう。

なお、その後、弥助がどうなったのかは不明だが、日本にとどまらず、宣教師などに連れられて船に乗って国外へ出た可能性も捨て切れない。

最晩年、喜多川歌麿はなぜ摘発されたのか？

十八世紀後半、「美人大首絵《おおくびえ》」で一躍江戸庶民の心を惹き付けた浮世絵師・喜《き》多《た》川《がわ》歌麿《うたまろ》。美人大首絵とは歌麿の代名詞ともいえるもので、女性の上半身のみを画面いっぱいに描く技法だ。

まるで三頭身かと思えるほど顔を大きく描き、その表情はデフォルメしてある。当時、全身が描かれているのが一般的だった浮世絵において、歌麿の大首絵はまったく新しいものとして江戸っ子たちに好意的に受け入れられたのだった。

この歌麿を見出したのが出版界の風雲児・蔦屋《つたや》重三郎《じゅうざぶろう》（蔦重《つたじゅう》）だった。老中・松平定信《まつだいらさだのぶ》の行なった「寛政《かんせい》の改革」によって幕府財政の見直しが図られると、風紀を乱したり華美な本は規制の対象となり、蔦重も山東京伝《さんとうきょうでん》の洒落《しゃれ》本《ほん》『仕懸文庫《しかけぶんこ》』などが発禁処分となったあおりをくって財産の半分を没収されてしまう。

そのような中、錦絵の出版に力を入れた頃の蔦重に見出されたのが歌麿であった。彼は蔦重の期待にこたえ、見事に大首絵という新機軸を打ち出すことに成功したのだ。

歌麿が大首絵を手掛けるようになったのは一七九一（寛政三）年頃とされ、このとき歌麿は三十八歳。以降、歌麿の名は江戸中に広まることとなる。

だが、一八〇四（文化元）年五月、歌麿は突然、入牢三日のうえ手鎖《てぐさり》五十日という処罰をくらう。

処罰の対象となったのは、『太閤五妻洛東遊観之図』という豊臣秀吉の醍醐《だいご》の花見を題材としたもので、幕府が命じた禁令に触れるものではなかったが、歌麿が雲母摺《きらずり》を工夫することなどで絵を華やかにする技法を用いていたことが幕府の怒りを買ったようである。

実は歌麿が処罰をくらった日は幕府が禁令を出したその日であった。つまり、歌麿を第一号の「逮捕者」として吊るし上げることで、世間への見せしめとしたのだ。

歌麿も黙ってはいなかった。処罰を受けたのち、シャバに出た歌麿は話題性もあって版元からの注文をこなし、絵を量産している。

しかし、この量産は歌麿にとって悪影響となった。現在にいたるまでも開かれている歌麿の展覧会などへ行くとわかるが、晩年における彼の作品には傑作と呼ばれるものが少なく、それほど力を入れて紹介されることもないのだ。

結局、歌麿は幕府によって技量のいくらかを削《そ》がれてしまったのだった。

白虎隊でただ一人生き残った飯沼貞吉のその後

幕末の戊辰《ぼしん》戦争において、悲劇的に語られる「白虎隊《びゃっこたい》」。

飯森山の中腹にある白虎隊自刃の地。撮影は 1932（昭和７）年（写真提供：毎日新聞社）

白虎隊とは、会津藩によって十六～十七歳の少年で構成された部隊で、身分の上下によって士中《しちゅう》白虎隊、寄合《よりあい》白虎隊、足軽《あしがる》白虎隊の三つにわけられ、さらに各隊が二つの中隊にわけられていた。

飯盛山《いいもりやま》の自決で有名な白虎隊とは、このうちの士中白虎隊の二番中隊の面々であった。

会津藩主・松平容保《まつだいらかたもり》を護衛するため鶴ヶ城《つるがじょう》をあとにした二番中隊は、隊頭や小隊頭などの大人五名と隊士三七名の、合計四二名である。だが、圧倒的な軍事力の差によって官軍に追い詰められた彼らは飯盛山へ駆け込んだ。

そこで目にしたのが鶴ヶ城を包む黒煙であった。実際は城下町を覆う黒煙だったのだが、鶴ヶ城が陥落したと思い込んだ彼らは飯盛山にて自決することを決意。隊員は各々、切腹したり、互いに刃を向けて刺し違えたりして果てたのだった。これが歴史に残る白虎隊の物語だ。

だが、この自決においてただ一人生き残った少年がいた。それが飯沼貞吉《いいぬまさだきち》である。急所を外したのか、かろうじて息が残っていた貞吉は、武具役人・印出新蔵《いんでしんぞう》の妻・ハツに助け出されたのだった。

何とか一命を取り留めた貞吉は、荻藩士・楢崎頼三《ならざきらいぞう》に生活を庇護され、林三郎に学び、藤沢次謙《ふじさわつぐよし》に電信界への道を開いてもらい、一八七二（明治五）年、工部省（のちの逓信省《ていしん》。現・総務省）に任官し、一九一三（大正二）年に還暦を迎えて退官するまで逓信事業に身を投じることとなる。

そして、満洲事変が起こる半年ほど前の一九三一（昭和六）年二月、七十七歳でこの世を去った。

貞吉は年齢が一歳足りなかったにもかかわらず、白虎隊に入り、戦い、生き残った。白虎隊の悲劇は、貞吉が一命を取り留めたことによって、日本史に深く刻まれることになったのである。

なお、近年、飯沼貞吉の孫である一元氏によって貞吉の手記が新たに発見されたが、そこには、貞吉が少しのあいだ敵方の長州で庇護されていたときのようすや、飯盛山での集団自決は衝動的な感情からではなく、武士の本分を示すためであったことなどが記されていた。

飯沼貞吉の残した記録によって、白虎隊の歴史は新たに塗り替えられようとしている。

帰国できたのにしなかった、家康の側近ウィリアム・アダムズ

ウィリアム・アダムズは日本にやってきた最初のイギリス人である。

一六〇〇（慶長五）年四月、二年間の航海ののち、東洋遠征船隊のリーフデ号が暴風雨に遭って漂着した先が豊後《ぶんご》（現・大分県）で、アダムズはこの船に乗り組んでいた航海士であった。

この当時はまだ鎖国は敷かれていなかったこともあり、上陸が許可され、アダムズほか乗組員の身柄は保証された。

大航海時代を迎えていた世界情勢にあって、徳川家康はアダムズを外交顧問として迎え入れ、対外交渉にあたらせようと考える。「三浦按針《みうらあんじん》」という日本名も与えた。「按針」とは水先案内人の意味である。

以降、相模国三浦郡逸見《へみ》村（現・神奈川県横須賀市）に三五〇石の領地を与えられたアダムズは、日本人女性（日本橋大伝馬町の名主の娘）を娶《めと》り、二人の子どももうけたのだった。

では、このあとアダムズはどのような人生を送ったのだろうか。

アダムズや同船の漂着民たちは、来日当初は先に日本へやってきていたポルトガル人宣教師や商人らの迫害に遭って苦労を強いられたが、やがて、家康に「彼らは領土的野心を持っている」と耳打ちすることにより、信頼を勝ち取り、平戸《ひらど》にオランダとイギリスの商館を設けることに成功する。

また、アダムズはイギリス東インド会社とも契約して棒給をえるようにもなった。

さて、このあと、実はアダムズには帰国する機会が訪れていた。一六一三（慶長十八）年に来日していたイギリス東インド会社の貿易船隊司令官ジョン・セーリスが帰国することになり、アダムズも日本を離れる許可をえたのである。

ところが、アダムズは日本を離れることはなかった。一説によれば、祖国で単なる航海士として生きるよりも、外交顧問として優遇されている日本を選んだといわれる。

また、アダムズは祖国に妻と二人の子どもがいたが、日本にも同様に妻子がいる。簡単に帰ることができる状況にはなかったのであろう。

一六一六（元和二）年四月に駿府城で家康が死去したあとは、二代将軍・

徳川秀忠には冷遇され、一六二〇（元和六）年四月、五十七歳で亡くなった。
遺言により、アダムズの遺産は祖国イギリスに残してきてしまった妻子と日本の妻子とで半々にわけられたという。

壇ノ浦に消えたはずの安徳天皇は生きていた!?

平清盛《たいらのきよもり》の孫として生まれた安徳《あんとく》天皇。生後わずかひと月足らずで皇太子に立てられた安徳天皇は、清盛の意向により一一八〇（治承四）年に三歳で即位した。

だが、安徳天皇が即位したとき、すでに平氏の勢力は源氏に取って代わられようとしていた。そして、一一八五（元暦二）年三月、源義経らの攻撃によって追い詰められた安徳天皇は、壇ノ浦《だんのうら》にて、清盛の妻・二位尼時子《にいのあまときこ》の胸に抱かれて海へと消えた。このとき、安徳天皇はわずか八歳であった。

ところが、この悲劇的な最期は「安徳天皇生存説」を生み出す要因となる。実は、安徳天皇のその後を語る伝説は少なくない。

中でも古くから言い伝えられているのが東祖谷山《ひがしいややま》村（現・徳島県三好市）で、この地に伝わる話によると、清盛の異母弟・平教盛《のりもり》の次男とされる平国《くに》盛《もり》に連れられて三十余人の従者とともに壇ノ浦を出立した安徳天皇は、東祖谷山村にたどり着き、そこの洞窟で年を越したという。

このとき、一行は、辺りに適当な松が見当たらなかったため、檜《ひのき》の枝を門松代わりにして元旦を迎えた。

そのため、この故事によって、当地では正月には門松ではなく檜を飾るという風習が根付いたという。

やがて安徳天皇は、長旅による疲労がたたったのか崩御《ほうぎょ》され、荼毘《だび》に付されてこの地に祭られたという。

いまでも同地には栗枝渡《くりしと》八幡神社（三好市東祖谷栗枝渡）という簡素な社《やしろ》が建っているが、この神社こそ安徳天皇を祭った社で、鳥居が立てられていないのは、祭られているご神体が安徳天皇という現人神《あらひとがみ》であるためという。

また、社の側には小さな祠《ほこら》があるが、その辺一帯は安徳天皇を荼毘に付した火葬場跡とされる。

地元に伝わる話によれば、雪がどんなに降り積もろうとも、この一帯だけは雪が積もることがないという。

「史跡　栗枝渡の御火葬場」と刻印された卒塔婆《そとうば》のような細い柱と、神聖な場所であることを示す幣帛《へいはく》が吊られているところに、この場所が並々ならぬほど汚してはいけない場所であることを感じさせてくれる。

帰国後、常に日本を気にかけていた初代総領事・ハリス

二〇一四（平成二十六）年三月三十一日は、日米和親条約が結ばれてから百六十年を迎えた節目の日である。

同条約はいわゆる鎖国が破られた、最初の近代的条約で、つまり一八五四（嘉永七）年三月三十一日こそ、「日本の開国」が決定的となった日であるといえよう。

かつては、この幕末の開国については、日本が屈辱的な条約を結ばされたうえで仕方なく開国したと捉えられてきたが、現在では研究が進み、老中・阿部正弘《あべまさひろ》をはじめとする幕府の役人が交渉に交渉を重ねた結果、平和裡《へいわり》に同条約を結んだことが明らかになっている。

一歩間違えれば江戸中が火の海になるはずであったが、幕府によって日本初の本格的外交がなされた結果、それは回避されたのだった。

ペリーとともに開国に関係したアメリカ側の人物として知られるのが、初代総領事・ハリスである。

ハリスが来日したのは日米和親条約締結から二年後の一八五六（安政三）年八月のことで、オランダ人通訳・ヒュースケンを伴い、下田へ赴任することになった。

玉泉寺《ぎょくせんじ》（静岡県下田市）に総領事館を開き、幕府との交渉に臨んだハリスは、翌年に下田条約の締結に成功、同年十二月には江戸城にて一三代将軍・徳川家定《いえさだ》と謁見《えっけん》し、日米修好通商条約（一八五八年）の締結へと進む。

この条約を結んだことによって、日本は実質的に外に開かれた国となったのである。

さて、大役を果たしたハリスだが、その後どうなったのだろうか。

日米修好通商条約締結から四年後の一八六二（文久二）年九月、帰国の途についたハリスは、長年の旅の疲労がたたったのか、体調がすぐれず、消化不良に悩まされている。

縁の深いニューヨークで十六年ほど過ごすが、彼はそのあいだ常に開国まもない日本に関心を抱いていた。ハリスは来日直後の日記において、このように記している。

「予はこの帝国における『最初の領事旗』を掲揚する。疑いもなく新しい時代がはじまるが、真に日本の幸福になるであろうか」

ハリスは、仕事とはいえ、自身の行動に常に疑問を持っていたことがこの文面からは読み取れる。彼が母国へ帰国後も日本を心配していたのは、当然のことであった。ハリスは一八七八（明治十一）年二月、七十四歳で亡くなっている。

秀吉も恐れた黒田官兵衛の意外な晩年

時代の先を読む能力に長《た》けていた軍師・黒田官兵衛《くろだかんべえ》。本当の名は孝高《よしたか》という、官兵衛（官兵衛尉《じょう》）とは通称である。

豊臣秀吉の信頼をえて、竹中半兵衛とともに活躍した官兵衛だが、その能力の高さから秀吉に警戒され、恐れられた。

それは、伝わるところによれば、本能寺の変で織田信長が没したあと、号泣する秀吉に向かって官兵衛が「君の御運開かせ給うべきはじめぞ」（『名将言行録』）と語ったことに端を発するようだ。

だが、この軽はずみな官兵衛の言葉は、後々まで自身を苦しめることになる。城攻めに貢献したにもかかわらず、一五八七（天正十五）年に官兵衛に与えられたのは豊前《ぶぜん》国中津六郡、一二万五〇〇〇石のみだったのだ。秀吉は官兵衛を九州北部へいわば追いやったのである。秀吉がいかに彼を恐れていたかが読み取れよう。

では、その後、官兵衛はどうなったのだろうか。

一五八九（天正十七）年に家督を子の長政《ながまさ》に譲った官兵衛は、剃髪《ていはつ》して如《じょ》水軒円清《すいけんえんせい》と号して隠居の身となったが、秀吉の小田原攻めや朝鮮出兵、そして関ヶ原の戦いに参戦している。

関ヶ原の戦いの際、官兵衛は東軍に与《くみ》し、自身の考えでは九州を平定したあとに中国、畿内へ攻め上がろうとしていたようだが、戦がわずか一日で決してしまったため、「野望」が実現することはなかった。

その後、大宰府《だざいふ》の隠居所にて和歌や茶道をたしなんでいた官兵衛は、一六〇四（慶長九）年三月、五十九歳で没している。なお、官兵衛は晩年、高山《たかやま》右近《うこん》の導きによりキリシタンとなり、「ドン・シメオン」という洗礼名を授けられている。

軍師と称され、家康からは「心の底が見えない」と警戒された官兵衛であっても、自分の人生をまったく思い通りに動かすことはできなかったようである。

実は一回で終われなかった「南北朝の合体」

日本史の教科書では、南北朝の動乱について、以下のように説明されることが大多数だ。「足利義満《あしかがよしみつ》が南朝側と交渉することによって南北朝の合体を実現し、内乱に終わりを告げることができた」と。

つまり、鎌倉幕府滅亡に際して引き起こされた南北朝の動乱は、一三九二(明徳三)年に義満の尽力によって解決した、ということである。

ところが実際、動乱は収束したわけではなく、その後も延々と続いていたのだ。

義満の交渉内容とは、南朝の後亀山《ごかめやま》天皇が北朝の後小松《ごこまつ》天皇に譲位するということで三種の神器《じんぎ》を譲り、以降、皇位は南朝と北朝が交互に入れ替わって天皇を立てる（両統迭立《りょうとうてつりつ》）というものであった。

だからこそ南朝の後亀山天皇もその約束に納得したわけだが、その後、北朝および幕府は約束を守ることはなく、後亀山天皇の皇子・実仁《さねひと》親王はなかなか皇太子に推されなかった。これに異を唱えた後亀山天皇は京都を脱出して吉野へ行った。

これにより、合体したはずだった南北朝は再び分裂したことがわかる。

そして、後亀山法皇をはじめとする南朝勢力が兵を進める事態となったため、あわてた四代将軍・足利義持《よしもち》は後亀山法皇に再び両統迭立を約束したのだが、後亀山法皇が一四二四（応永三十一）年に没してしまい、また、六代将軍・足利義教《よしのり》が約束を反故《ほご》にして北朝の後花園《ごはなぞの》天皇を立てたため、小倉宮《おぐらのみや》と称していた実仁親王は伊勢の北畠満雅《きたばたけみつまさ》を頼り、挙兵。

ここに、南北朝は三度にわたって相争うこととなったわけである。

その後も北朝と南朝の争いは止むことはなく、一四四三（嘉吉三）年には天皇の住む内裏《だいり》が南朝の遺臣によって急襲され、三種の神器のうちの神璽《しんじ》が奪われている。

神璽はそれから一五年ののち、お家の再興を願った赤松氏の遺臣の手によって奪い返されて無事に戻っているが、この事件から五百年以上経った戦後の一九四六（昭和二十一）年には熊沢寛道《くまざわひろみち》という人物が「私こそ南朝の皇位継承者である」と名乗り出るという事件も発生。

彼は「熊沢天皇」と呼ばれて一躍ときの人となり、講演会や政治活動に忙しい日々を送っていた。

さらに、「熊沢寛道は分家であって、私こそ宗家である」とするもう一人の熊沢天皇まで現れている。南北朝の分裂という出来事は、後々まで世の中に混乱をもたらすものであったようだ。

東京裁判後、病床で大川周明がしていたこととは？

北一輝《きたいっき》とともに語られることの多い思想家・ファシズム運動家の大川周明《おおかわしゅうめい》。彼は東京帝国大学卒業後、神田の古書店で見た一冊の本から植民地としての辛酸《しんさん》をなめるインドの現状に接し、植民地にされているそのほかのアジアの国々を白人の手から解放することを深く考えるようになったという。

このような考えの持ち主であった大川がA級戦犯容疑者としてGHQに逮捕され、巣鴨《すがも》拘置所に収監されたのは一九四五（昭和二十）年十二月のこと。そして、翌年五月に開かれた東京裁判（極東国際軍事裁判）に出廷するのだが、そのとき彼が自分の目の前に座る東条英機《とうじょうひでき》の頭をピシャッと叩いたのは有名な話だ。

また、このときの大川には奇行が目立ち、パジャマのボタンが外れたまま出廷したり、起訴状が朗読されている最中に鼻水をたらしたまま合掌していたりするほどであった。

これらの行動から、大川は戦犯から逃れたいがために奇行を演じているのだという憶測も飛び交ったが、いずれにせよ、裁判後、大川はアメリカ軍の病院へ収容されて精神鑑定を受けたあと、都立松沢病院へ移され、入院生活を送ることになる。

精神鑑定の結果、彼は被告の対象から外された。玉音《ぎょくおん》放送が流れてから、あと数か月で二年が経とうとしていた。

では、その後、彼はどうなったのだろうか。

大川周明が松沢病院に入院していたのは、二年四か月という長きにわたるものだったが、収容早々、彼の精神は正常になっていたようで、やることといえばイスラム教の聖典『コーラン（クルアーン）』を英訳や仏訳のものから重訳することであったという。

東京帝国大学では文学部に所属し、インド哲学を学んでいた彼にとってみれば、宗教は異なるとはいえ、英文や仏文を読み進めるのはたやすいことだったに違いない。

訳した言葉は『古蘭《コーラン》』という題名で一九五〇（昭和二十五）年に刊行され、その翌年には『安楽の門』という宗教体験をつづった自伝をも著している。旺盛な執筆活動が、入院中の大川の仕事であった。

晩年は『コーラン』を翻訳し、イスラム研究に没頭した大川周明（国立国会図書館蔵）

また、退院後の一九五四（昭和二十九）年からは東北や関東の農村を歩き回り、講演活動に邁進。戦後の日本は農業を主体にして発展していくべきだと説いた。
しかし、戦前のよ

うな影響力は、彼はもう持ち得ていなかった。一九五七（昭和三十二）年十二月、七十一歳で死去している。

なぜ鹿児島に墓が⁉ 謎に包まれた運慶の晩年

平安末期・鎌倉前期の仏師《ぶっし》としてもっとも有名なのが運慶《うんけい》である。

運慶の遺した仏像でいちばん知られているのが東大寺南大門の仁王像《におう》（南大門の竣工《しゅんこう》は一二〇三年で、仁王像の設置と同年）で、八メートルもの高さを持つ二体の仁王像はわずか七十日余で制作されたと伝わる。

ただし、これは運慶一人でつくりあげたわけではなく、阿形《あぎょう》像は運慶と快《かい》慶《けい》（運慶の父・康慶《こうけい》の弟子）が、吽形《うんぎょう》像は定覚《じょうかく》（康慶の次男とも）と堪慶《たんけい》（運慶の長男）がそれぞれ制作したといわれる。

つまり、「運慶が仁王像を制作した」というのは、正確にいうと、「運慶が仁王像の制作を統括した」という理解になるかと思う。だが、これは非常に重要な点であって、このように巨大な仏像の制作の分業制を確立したのが運慶であったともいえるわけだ。

さて、現在でも展覧会が行なわれれば盛況である運慶だが、その生涯は謎に包まれている部分が多く、実は生年もわかっていない。

そして、正史では運慶が没したのは一二二三（貞応二）年十二月十一日のことで、その御霊《ごりょう》は都に落ち着いたことになっているのだが、実は彼の墓が鹿児島に建っているという話があるのだ。

その場所とは鹿児島県志布志《しぶし》市の宝満寺で、地元に伝わる話によれば、運慶は自身が制作した寺の本尊である如意輪観音像《にょいりんかんのん》の素晴らしさに惚《ほ》れ込み、それから離れがたくなったため鹿児島の地に住み着いたというのである。

ただし、当の如意輪観音像は現存しておらず、宝満寺の背後の土地に建つとされる運慶の墓の場所も特定することができていない。そういう意味では、この話は伝説の域を出ていないといわざるをえない。

しかし、運慶の彫った如意輪観音像はその後、安産に霊験《れいげん》あらたかな仏さまとして丁重に祭られたという伝説を生み、明治維新期の廃仏毀釈《はいぶつきしゃく》によって宝満寺は廃されてしまったが、一九三六（昭和十一）年に地元の有志によって観音堂が再建され、現在まで守られている。

運慶の制作した仏像は、都から遠く離れた鹿児島の地で細々とだが命を繋いでいたことになるのだが、果たして運慶はこの地で没したのだろうか。今後の研究結果が待たれるところである。

琉球へ流れ着いた源為朝
子孫は琉球王国の初代王に!?

平安後期の武将・源為朝《みなもとのためとも》は九州を平定し、「鎮西八郎《ちんぜいはちろう》」と自称するほどの腕力の持ち主だが、保元《ほうげん》の乱（一一五六年）において崇徳《すとく》上皇側に付いたことが裏目となって、乱後、伊豆大島に流罪となり、伊豆の豪族・工藤茂光《くどうしげみつ》と対立のすえ自害に追い込まれた。

これが、史実でいうところの源為朝の生涯だ。

だが、為朝の晩年については伝説として語り継がれている話が少なくなく、史実のほうが誤りなのではないかとすら思えてくる。

その「為朝生存説」の中でも有名なものの一つが、沖縄にて語られているものだ。なんと、為朝は伊豆大島から潮の流れに乗り、琉球《りゅうきゅう》（現・沖縄県）までたどり着いたというのだ。

この話を裏付けるかのように、同県今帰仁村《なきじんそん》には「源為朝公上陸の碑」が建っている。伊豆大島を抜け出た為朝は、暴風雨に遭いながらも運を天に任せて潮の流れに乗り、今帰仁の港にたどり着いた。

この言い伝えから、その港は「運天港《うんてんこう》」と呼ばれるようになったという。

日本列島の南側には黒潮（時速は約七キロ）が流れているが、この流れの速い黒潮に逆らって沖縄までたどり着くことができるのかという反論もあるが、小笠原海流に乗れば伊豆から沖縄まで漂流することができると考える学者も存在するなど、為朝生存説はあながち荒唐無稽《こうとうむけい》な説ではないとも考えられるのだ。

そして、さらに為朝伝説は続く。

琉球で最初の史書である『中山世鑑《ちゅうざんせいかん》』（全五巻。「中山」は琉球の別称）によると、運天港にたどり着いた為朝は、その後、現在の糸満《いとまん》市周辺を支配していた大里按司《おおざとあじ》に迎えられて、大里按司の妹・思乙《おみおと》と恋仲となり、男の子をもうけたという。

その子は「尊敦《そんとん》」と呼ばれていた（「為敦」という名前だったが、「為」を「尊」と読み間違えられたことによる）が、十五歳のときに浦添《うらぞえ》の按司に就き、やがて琉球王国の初代王・舜天王《しゅんてんおう》になったという。

『中山世鑑』は尚真王《しょうしんおう》（第二尚氏王統の第三代王。在位一四七七〜一五二七）の治世がまるまる欠落しているなど不備な面も目立つ書物ではあるが、後世の史書に少なからず影響を与えたことは事実で、史料的な価値も高いとされる。

そういう意味では、源為朝の琉球伝説もあながち間違いではないともいえるのだが、さて、真実はどうだったのだろうか。

明治時代になってから天皇と認められた弘文天皇

初代・神武《じんむ》天皇から一二四代・昭和天皇までの歴史を考えてみると、幽閉や追放のほか、逃亡、配流《はいる》を経験し、自殺、憤死に追い込まれた天皇もいるなど、時代に翻弄されていることが少なくないことが読み取れる。

三九代・弘文《こうぶん》天皇も、そのような激動の時代を生きた一人で、弘文天皇が天皇として認められたのは明治以降のことだったのだ。

実はこの弘文天皇とは大友皇子《おおとものみこ》のこと。

大友皇子といえば、壬申《じんしん》の乱（六七二年）において大海人皇子《おおあまのおうじ》とのあいだで皇位継承をめぐって争った人物である。壬申の乱は、天智《てんじ》天皇が亡くなったあと、天智天皇の子である大友皇子と、天智天皇の弟である大海人皇子とが相争った出来事であった。

壬申の乱に勝利した大海人皇子は、翌年、飛鳥浄御原宮《あすかきよみはらのみや》で即位し、天武《てんむ》天皇となり、敗れた大友皇子は山前《やまさき》（現・京都府乙訓《おとくに》郡大山崎町という説が有力）で首をくくり、自殺。歴史の表舞台から姿を消した。

天武天皇が編纂《へんさん》を命じた『日本書紀《にほんしょき》』では、大友皇子の即位は認められていなかったが、明治時代に入ってから、『扶桑略記《ふそうりゃっき》』や『水鏡《みずかがみ》』などの歴史書に大友皇子が即位したことが書かれていたため、政府によってその即位が正式に認められるにいたったのだった。

『日本書紀』中で大友皇子の即位が認められていないのは単純な話で、「歴史の勝者」となった天武天皇（大海人皇子）が政敵である大友皇子を歴史に残すはずがなかったからであろう。

「歴史は勝者によって書き換えられる」とよくいわれるが、同書が大友皇子の評価を高めなかったことは事実であろう。

なお、弘文天皇陵は大津市役所（滋賀県大津市御陵町）の裏手に築かれており、御陵名は「長等山前陵《ながらのやまさきのみささぎ》」という。

家族に遺言を残さなかった幕末の志士・高杉晋作

「おもしろきこともなき世をおもしろく　住みなすものは心なりけり」

これは長州藩士で吉田松陰《よしだしょういん》の松下村塾《しょうかそんじゅく》に学んだ高杉晋作《たかすぎしんさく》の辞世の句といわれるものだ。意味は、「面白くもないこの世の中を面白く生きるのは、その人の心掛け次第である」ということになろうか。

ただ、この句はすべてを晋作が詠んだものではない。第二次長州征伐において幕府と争い勝利をもたらしたあと、血痰《けったん》を吐き病床にあった晋作が、見舞いにきていた野村望東尼《のむらぼうとうに》に「おもしろきこともなき世をおもしろく」と上の句を示すが、あとを続ける気力を失ったため、望東尼が「住みなすものは心なりけり」と下の句を続けたことがその真相であるという。

野村望東尼は歌人だが、幕末の志士たちの庇護者でもあった。一八五九（安政六）年、五十四歳のときに剃髪して尼となった。

晋作が望東尼の世話を受けたのは一八六四（元治元）年のことで、藩内の反対派から命を狙われた晋作が身を隠したのが望東尼の平尾山荘（福岡市中央区）だったのだ。

一方、晋作も、望東尼が勤王《きんのう》派の弾圧に連座して姫島（大分県東国東《ひがしくにさき》郡）へ流刑となったときにそこから救出している。二人は固い信頼関係で結ばれていたのである。

だが、その後、晋作の病状は次第に悪化していき、一八六七（慶応三）年四月十三日、深夜、大政奉還《たいせいほうかん》を見ることなく亡くなった。死因は結核であった（享年二十九）。

さて、晋作の死後の一九一六（大正五）年、三宅雪嶺《みやけせつれい》が主筆である雑誌『日本及日本人』に妻・マサのコメントが掲載されている。彼女によると、家族

に晋作の遺言といったものは伝えられておらず、「しっかりやってくれろ」という言葉のみが遺言といえば遺言であったようである。

死ぬ間際、晋作は下関の桜山に愛人・おうのと小屋を建てて移り住んだり、年が離れているとはいえ野村望東尼と固く心を通わせていた。

これらのことより考えると、正妻であるマサへの思いやる気持ちを読み取ることは難しい。

三十年に満たない人生を燃焼して逝った高杉晋作は、彼女に対して何を思っていたのだろうか。

日本全国に生存説が！真田幸村はどこで死んだのか？

父・真田昌幸《さなだまさゆき》とともに豊臣秀吉に仕え、大坂夏の陣（一六一五年）のときに激戦を繰り広げながらも戦場に散った真田幸村《ゆきむら》（信繁《のぶしげ》）。

夏の陣においては敵方の徳川家康の本陣を急襲し、家康を討死寸前まで追い詰めた男である。

史実によれば、幸村は家康のとどめを刺せなかったのちに撤退し、安居神《やすい》社（大阪市天王寺区）で休んでいたところを襲われ、松平隊の西尾仁左衛門《にしおじんざえもん》（久作）に首を討ち取られたとされている。

だが、果たしてそれは本当なのだろうか？

というのも、日本全国に幸村の生存説を思わせる伝説が残っているからだ。

つまり、安居神社で討ち取られたのは幸村の影武者だとする説である。

有名なものでは、秋田県大館市の一心院《いっしんいん》に現存する幸村の墓が挙げられる。同院の過去帳には「寛永十八年十二月十五日。一譽通道円清居士。信濃屋」という文字が記されているのだが、これこそ幸村のことであるらしいのだ。一心院には「信濃屋長左衛門事　真田左衛門佐幸村之墓」と刻まれた墓が建ち、その側面には「寛永十八年十二月十五日没　年七十六歳」とも彫られているのである。

これはいったいどういうことなのだろうか？　言い伝えによると、秀吉の遺児・秀頼《ひでより》とともに大坂城を脱出した幸村は薩摩へ落ち延びるが、秀頼が死ぬと菩提《ぼだい》を弔うために恐山《おそれざん》（青森県むつ市）に向かい、ふと大館に居を構えることにしたのだという。

秀頼に関しては、これまた生存説が存在し、しかも薩摩へ落ち延びたとしているので、関連性は高い。

さらに、幸村の墓は真田家の菩提寺である長野県長野市の長国寺《ちょうこくじ》や和歌山県九度山《くどやま》町の真田屋敷跡（正確には幸村と、子の大助《だいすけ》の石塔）、京都市左京区の龍安寺《りょうあんじ》境内の大珠院《だいじゅいん》などにも建っている。

家康を自刃に追い詰めるほどの活躍をした幸村を偲び、それが伝説となって各地に流布していったといえなくもないが、これほど点々と墓が存在しているのもミステリアスで面白い。

ちなみに、西尾仁左衛門が首を討ち取ったあと、家康にそのときのようすを報告すると、家康の表情がみるみる怒りに満ち、こう言い放ったという。

「左衛門佐（註：幸村のこと）ほどの男が西尾ごときに討ち取られるはずがなかろう！」

家康は、死を覚悟するほど追い詰めたあの男がまだ生きていると思っていたのではあるまいか。「真田丸」という出丸を築いて家康を手こずらせた幸村。彼はいったい、どこで終焉を迎えたのだろうか？

第5章

にわかには信じがたい
驚愕の「その後」

火葬で弔おうとした瞬間、十返舎一九の遺体から花火が！

弥次《やじ》さん喜多《きた》（北）さんの東海道中を描いた滑稽本《こっけいぼん》『東海道中膝栗毛《とうかいどうちゅうひざくりげ》』の作者として有名な十返舎一九《じっぺんしゃいっく》（本名は重田貞一《しげたさだかず》）。

一九は黄表紙《きびょうし》のほか、人情本、読本《よみほん》、滑稽本など多作の人であったが、その生きざまから、日本ではじめて文章だけで生活していた人物とされる。いわば、「日本初のフリーライター」とでもいおうか。

一九の代表作といえるのが先述の『東海道中膝栗毛』で、刊行されたのは一八〇二（享和二）年のこと。以降、一九は同作の続編、続々編をはじめ、各地を旅行したときのことを記した『一九之紀行』『秋山紀行』『金草鞋《かねのわらじ》』などを著していった。

そんな健脚であった一九の体力が衰え出すのが、五十代後半のことであっ

た。では、その後、一九はどのような毎日をすごしたのだろうか。

一九を悩ませたのが、眼病と中風であった。一八二〇（文政三）年に書かれた『秋山紀行』では、当時五十六歳であった一九が「年に三度も両方の目を患《わずら》っている」と吐露《とろ》しているし、曲亭馬琴《きょくていばきん》の『著作堂雑記抄』によれば一八二二（文政五）年頃に一九が中風を発症し、その翌年には体が不自由になったと記されている。

刊行数がみるみる減っていた一九は、一八二九（文政十二）年三月、大火に遭って罹災《りさい》し、転居した長谷川町にて二年後に没するが、死を迎えた年でさえも『続々膝栗毛』ほか数編が刊行されていた。一九は、最晩年にいたるまでも江戸っ子を楽しませ続けていたのだ。

なお、東陽院《とうよういん》（東京都中央区勝どき）にある一九の墓の側面には、「この世をば　どりゃおいとまに線香の　煙とともに　灰左様《はいさよう》なら」という辞世の句が刻まれている。「この世を線香の煙とともに体も灰になって、皆とおさらばするときがきたようだ」という意味であろうか。

「線香」は「閃光」、「灰」は掛け声の「はい」と掛けられ、一九の洒脱《しゃだつ》さを感じさせてくれる句である。この辞世の句は一九が死の間際の枕元で述べた言葉と伝わる。

なお、死を予期していた一九は亡くなる前に自分の亡骸は「湯灌《ゆかん》せず火葬にするように」と遺言を残していたが、実は一九は頭陀袋《ずたぶくろ》（首から掛ける袋）に大量の線香花火を忍ばせており、荼毘《だび》に付そうとした瞬間、花火が舞い散ったという。これに驚いたのは弔問客で、彼らは大変驚き、腰を抜かしたそうだ。一九は、何とも洒落《しゃれ》た人であった。

病死か？　毒殺か？　孝明天皇死後に流布した「黒い噂」

幕末という激動の時代に生まれてしまったばかりに、攘夷《じょうい》に生き、三十六歳という若さで崩御《ほうぎょ》した孝明《こうめい》天皇。だが、この天皇の死について、後年数々の噂話が流布《るふ》することになる。

「史実」として語られている孝明天皇の死因は、天然痘《てんねんとう》による病死だ。一八六六（慶応二）年十二月十二日頃から高熱が出、十六日には全身に発疹が見られ、十七日には医師によって正式に「痘瘡《とうそう》」（天然痘）と診断された。その後、いったんは回復に向かっていたが、二十四日の夜から急激に病状が悪化、翌日には血を吐いて夜中に崩御したのだった。

しかし、天然痘の発症からひと月も経たないうちに亡くなってしまったという、その急な幕切れにより、世間では「孝明天皇暗殺説」が取り沙汰されるようになる。

イギリス公使館員であったアーネスト・サトウの記述には、ある消息筋から聞いた話として、「天皇は毒殺されたようだ」とある。それは、幕末の情勢からきたもので、開国へ向けて突き進んでいた当時の日本において、攘夷を譲らない孝明天皇は倒幕派にとっては「邪魔者」であった。そのため、開国を目論んだ一部の人びとによって殺されたのだとする。

明治天皇の外祖父の中山忠能《なかやまただやす》は、孝明天皇崩御の翌年正月の日記に、浜浦という女官からの手紙に書かれていたこととして、「誰かが痘毒を献じた」と述べている。若き天皇が急逝したことを受けて、大奥《おおおく》では混乱の中、さまざまな噂が広がっていたことがこの記述からは読み取れる。

さらに、孝明天皇暗殺の黒幕として挙げられたのが、岩倉具視《いわくらともみ》である。天皇に毒を盛ったのは、岩倉の指図によるものとする説だ。岩倉は幕府を倒し、開国する以外に日本を再生させる方法はないと知っていた。

また、孝明天皇の愛妾・堀河紀子《ほりかわもとこ》は岩倉の異母姉で、彼女を使って天皇に毒を盛ったともいわれたのだ。

ただし、これらの説はあくまでも噂話であって、確たる証拠があるわけではない。「天然痘による病死」「若くして崩御した」、それだけが孝明天皇の死の「真実」なのである。

墓が二つある謎! 近藤勇の遺体はどこに?

幕末維新期、日本中に広くその名を轟《とどろ》かせた新選組局長・近藤勇《こんどういさみ》。一八六四(元治元)年、池田屋にて尊攘《そんじょう》派の志士を襲撃した「池田屋事件」を契機として一躍歴史の表舞台に登場するが、鳥羽《とば》・伏見《ふしみ》の戦いののちは江戸へ引き上げ、下総流山《しもうさながれやま》で匿《かくま》われていたところを発見されて投降。一八六八(慶応四)年四月二十五日、板橋の刑場で斬首され、三十五年という短い生涯を閉じている。

このとき、近藤の遺体は処刑場に埋められたとされるが、実は遺体のその後には二つの説があって定まっているわけではないのだ。

一つはよく知られている説で、処刑から三日後の四月二十八日に甥の宮川勇五郎《ゆうごろう》らによって掘り起こされ、宮川家の菩提寺である龍源寺《りゅうげんじ》（東京都三鷹市）に改葬されたとするものである。

そして二つ目が、処刑された日のうちに新政府軍の命によって掘り出され、寿徳寺《じゅとくじ》の境内の墓地に改葬されたとするもの。この場所は現在のＪＲ板橋駅の東口を出てすぐ目の前にある。都会の一角に鬱蒼《うっそう》と木々が生い茂るようすが、何とも不思議な光景だ。

では、どちらに近藤の遺体が埋まっているのか？

明確にこの問いに答えることはできないが、龍源寺と板橋の両方に遺体が埋まっていたことは事実のようである。とすると、どちらか一方が近藤のもので、もう片方のは近藤のものではないということになる。

それでは、それはいったい誰の遺体なのか？　幕末維新史研究家の菊地明

JR板橋駅の前にある寿徳寺境内墓地に建つ近藤勇と土方歳三の墓

氏によると、スリ（掏摸《すり》）の可能性が高いという。『東山道総督府日記』によれば、「近藤勇ならびに附属の新選組一人斬罪に処す」とあり、この「附属の新選組一人」がスリなのだという。

このことが事実ならば、板橋の処刑場には二つの首なし遺体があったことになり、一体が板橋に埋葬され、もう一体が勇五郎らによって龍源寺に運ばれ、改葬されたという二つの説が存在するのも納得できるのである。

現在までに出版ないし提出された

さまざまな書籍や研究書などをもってしても、龍源寺と板橋のどちらが近藤の遺体なのか判断するのは難しいといえる。ただ、惜しむらくは、二〇〇六（平成十八）年から翌年にかけて板橋の新選組供養塔の保存修理工事が行なわれた際に、その下から発見された厚さ五〇センチほどのコンクリート層を調査せずにおいたことだ。

供養塔への悪影響を考慮したため、その層を調査することはなかったとのことであるが、何か新たな発見があった可能性を考えると、つくづく残念に思えてならない。

現代に引き継がれる平安時代の武将・平将門の「怨念」

東京都千代田区大手町。ビジネスマンが多く行き交うこの地に、そこだけときが止まったかのような場所が現在でも残されている。平安時代中期の武将・平将門《たいらのまさかど》の霊を手厚く葬っている「将門塚《しょうもんづか》」がそれだ。

この将門塚は、京で晒《さら》された将門の首をもらい受けた人びとが武蔵国豊島郡平川村の観音堂の傍《かたわ》らに埋めたことがその起源ともいわれている。また、京で斬られた将門の首が東へ飛来し、落ちたのがこの地だったため、ここに埋められることになったとも伝えられる。

いわゆる「将門の怨霊《おんりょう》」といわれる伝説は、それほど昔に終わった話ではない。一九二三（大正十二）年九月の関東大震災後、将門の首塚が倒壊してしまったため、同地に大蔵省の庁舎が建てられることになったのだが、工事関係者のみならず大蔵省の職員が原因不明の病によって相次いでこの世を去るという「事件」が発生。当時、大蔵省内では、この出来事は「将門の祟《たた》り」によるものとされ、神田明神の宮司《ぐうじ》によって鎮魂祭が執り行なわれるまでに発展したのだった。

これに留まらず、「将門の祟り」は続いた。第二次世界大戦後、マッカーサー率いるGHQによって首塚の周辺が区画整理されようとしたとき、首塚を排除しようとすると理解不能な事故が起こるのである。当然ながら、工事は途中で取り止めとなったのだった。

将門の首塚は、一九七一（昭和四十六）年に東京都指定文化財となってから、献花や線香がますます丁重に供えられることとなった。そして、将門伝説は現代にまで受け継がれるようになったのである。

一説によれば、首塚の周りに建っているビルは首塚に背を向けないように設計され、働いている人も首塚に失礼のないように気をつける人が少なくないとか。平安時代の歴史は、いまでも忘れられることがないのである。

命の危険を予期していた!? 初代総理大臣・伊藤博文

一八八五（明治十八）年、初代の内閣総理大臣の座に就き、その後大日本帝国憲法の起草に深く携わった政治家・伊藤博文《いとうひろぶみ》。一九〇九（明治四十二）

年十月二十六日、彼が満洲のハルビン駅で韓国人・安重根《アンジュングン》に狙撃されてこの世を去ったのはよく知られる話だが、実は伊藤は自身の行く末を予期していた節があった。

第四次まで内閣を組織し、政党政治への道を切り開いた伊藤であったが、官僚派と対立して立憲政友会総裁を辞任し、一九〇五（明治三十八）年十二月、第二次日韓協約締結に伴い、初代の韓国統監に就任した。激動の時代にいつも担ぎ出されるのが伊藤という男なのかもしれない。

こののち、韓国皇帝・高宗《こうそう》がオランダのハーグで開かれていた第二回国際平和会議に密使《みっし》を送り込み、韓国の独立を求めて工作した事件（ハーグ密使事件）を契機として韓国への支配を強めた日本であったが、実は統監である伊藤は韓国の風習をよく見聞していたことから、韓国の早急な併合には反対の意見を持っていたという。

ところが、一九〇八（明治四十一）年七月、第二次桂《かつら》太郎《たろう》内閣が発足して以降、日韓併合への動きが加速。伊藤に決断を迫るため、翌年四月、桂と外相・小村寿太郎《こむらじゅたろう》が伊藤の許を訪ねると、伊藤は「そうするよりほかに仕方がない」といとも簡単に受諾《じゅだく》したという。これに対し、伊藤も五月に統監を辞す決意を固め、その職から離れた。

このとき、伊藤がなぜ統監を辞めたのかについては想像の域を出ないが、桂や小村の勢いに気圧《けお》されたことから併合を容認したことに対するじくじたる思いや、自身の在任中に併合することを避けたかったことなどが、職を辞する要因になったのではないかともいわれている。

そんな、時代に翻弄《ほんろう》された伊藤は、一九〇九（明治四十二）年十月、満洲遊歴のため日本を発ち、ハルビン駅で暗殺されたのである。

満洲へ旅立つ前、伊藤はイギリスの新聞記者の質問に対して、このような内容の言葉を述べていたという。

「いつにかぎらず私は危険にさらされている。昔は命が惜しかったが、いまは余命いくばくもないので、国のためならいつでも喜んで死ぬ」

ポルノ並みの書物を残した一休宗純の本当の気持ち

歴史上の人物で、一休宗純《いっきゅうそうじゅん》ほど子どもにとって親しみのある人もいないかもしれない。それはテレビアニメが放送されたためでもあるのだが、さて、実際の「一休さん」はどのような人物だったのだろうか。

晩年の一休を語るうえで欠かせないキーワードが、「エロス」だ。彼は晩年の七十五歳頃から、森侍者《しんじしゃ》（森女《しんじょ》とも）という盲目の女性（当時、四十歳前後）とともに生活をしていたが、彼女との性生活をはじめ、遊廓における女性との情交などを詩集『狂雲集《きょううんしゅう》』にて堂々と告白しているのである。

たとえば、その中には「吸美人婬水」という題名が付けられた詩があるが、「婬水」とは女性の愛液のことで、「美人の愛液を吸う」という内容というから驚きだ。また、「美人陰有水仙花香」という題名の詩もあるが、これを訳せ

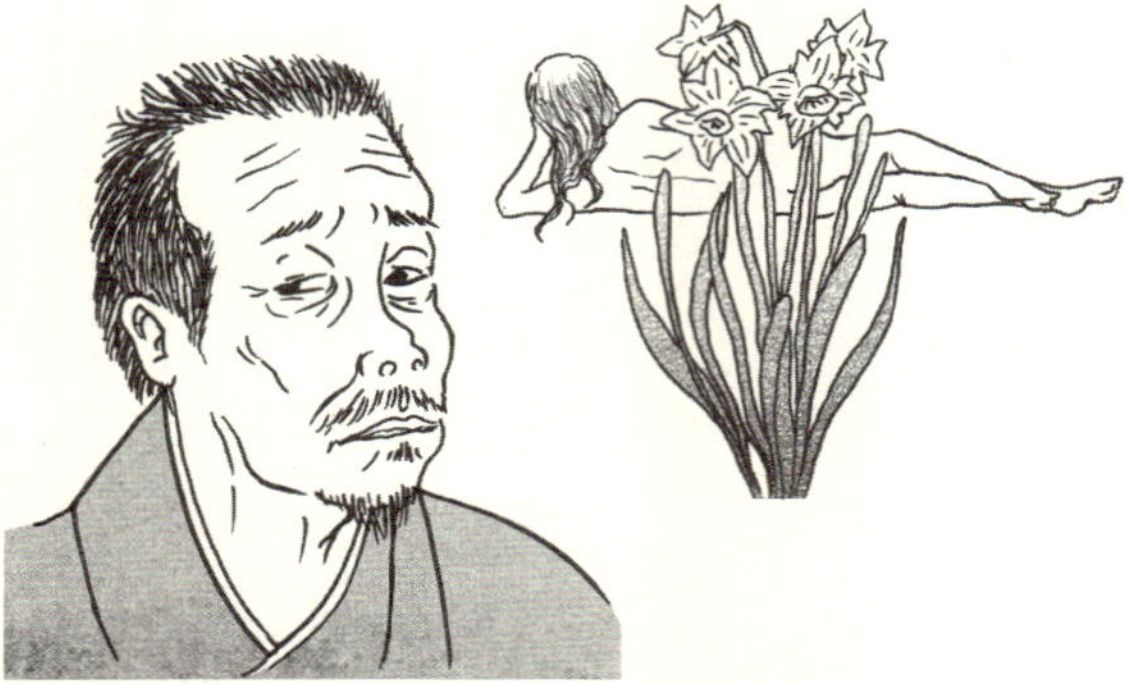

ば、「美人の陰部は水仙の香りがする」ともなろうか。まさしくこれは一休の手による「ポルノ」といえなくもない。

だが、一休がこの書を著したことについては、ウラがある。詩集の題名にもなっている「狂雲」とは、一休の号「狂雲子《きょううんし》」から付けられたものだが、確かに日頃から奇矯《ききょう》な行ないをすることは少なくなかった。だが、それは、権力におもねって五山《ござん》文学（京都五山・鎌倉五山の禅僧によって著された書物の総称）などにうつつを抜かす僧侶たちに対する批判精神の表れであったのだ。

つまり、文学に邁進《まいしん》して修行に励むこ

とを怠る、虚飾にまみれた僧侶に対し、一休は自らの生活や思想のすべてをあからさまに描くことによって、彼らの本性を暴《あば》こうとしたのではないか。それが一休の場合は、女性との営みを包み隠さず表現することに繋がったともいえる。

ちなみに、一休は後小松《ごこまつ》天皇の子として生まれた皇族であることから、森侍者と晩年を過ごした酬恩庵《しゅうおんあん》（京都府京田辺市）の境内に建つ墓（宗純王廟）は宮内庁によって管理されている。廟の門扉に菊花の紋が施されているのもそのためである。

荼毘に付したとき、鑑真の遺体からお香の香りが!?

失明しているにもかかわらず、六度目の渡航でようやく日本にたどり着いた唐の高僧・鑑真《がんじん》。彼が唐から日本へ招聘《しょうへい》されたのは、当時の日本に正式な戒律《かいりつ》を授けることができる僧侶がいなかったためである。

七五四（天平勝宝六）年、阿児奈波島《おきなわ》（現・沖縄県）から都へ入った鑑真は、東大寺の境内に設けられた戒壇で聖武《しょうむ》上皇をはじめ、四〇〇人の僧侶や貴族に戒律を授け、その任務を全うした。

以降、正式な僧侶になるためには鑑真から戒律を授けなければならないとしたのである。

その後、大僧都《だいそうず》、大和上《だいわじょう》の号を賜《たまわ》った鑑真は、新田部《にいたべ》親王の旧宅を与えられたが、そのとき土をなめて「よい土地である」と予言し、寺を建立する。それが唐律招提《とうりつしょうだい》という寺で、現在では唐招提寺《とうしょうだいじ》と呼ばれているものである。

さて、日本への渡航を決意してから十一年もかかってしまった鑑真は、その後どうなったのだろうか。

実は、彼はその後それほど長く日本にいられたわけではなく、七六三（天平宝字七）年五月、この世を去っている。『続日本紀《しょくにほんぎ》』に「和上、あらかじめ終わる日を記す。期に至りて端座《たんざ》して怡《い》然《ぜん》として遷化《せんげ》せり。時に、年七十有七」とあるように、鑑真は結跏趺坐《けっかふざ》（仏教における坐法の一つ）して頭を西に向け、亡くなったという。

これは高僧である鑑真らしいエピソードであるが、『唐和上東征伝』によれば、鑑真の遺体は死後三日を経てもなお頭が温かかったため葬ることができず、荼毘《だび》に付したときには周囲にお香の香りが満ちたと伝わっている。

また、鑑真が死ぬ前のある夜のこと。弟子の忍基《にんき》が、講堂の棟《むね》や梁《はり》が急に折れる夢を見たことから、鑑真の死が近づいたことを悟り、ほかの弟子たちとともに師の姿を模してつくったものが現在まで伝わる「鑑真和上坐像」であるという。

国宝に指定されているこの像は、日本最古の肖像彫刻で、いまでも彩色が鮮やかに残されている。

息子・善鸞に裏切られ、晩年は苦労の連続だった親鸞

「善人なおもて往生《おうじょう》をとぐ　いはんや悪人をや」という言葉は親鸞《しんらん》の代名詞ともいえるもので、彼の法語を書き留めた『歎異抄《たんにしょう》』（著者は弟子・唯円《ゆいえん》とされる）に書かれてある。

「善人も往生できる。まして悪人が往生できるのはあたりまえ」という意味だが、自分で進んで仏を信じることができない意思の弱い凡人（＝悪人）こそすべてを他力《たりき》に委ねることができ、善人同様、阿弥陀仏《あみだぶつ》の本願にかなって往生することができる、という主旨だ。

自ら修行をすることで悟りを開こうとする「自力教」と対をなす「他力教」をとなえた親鸞の思想を端的に表す言葉として、いまでも有名なものである。

一一八一（養和元）年、九歳で出家して以来、二十余年の修行ののち法然《ほうねん》

に帰依《きえ》した親鸞だったが、当時の仏教界において師の法然と親鸞の唱える教えは前衛的であり、旧仏教側からの反発もあって師とともに流罪（最初は死刑の宣告を受けた）に処せられてしまう。親鸞は越後（現・新潟県上越市）へ流罪となった。

親鸞の罪が許されたのは一二一一（建暦元）年のことで、三年後、親鸞は常陸へ移住し、以降関東を中心に布教を進めていった。親鸞の開いた浄土真《じょうどしん》宗《しゅう》は、これより巨大な勢力として世の中に広まっていくことになる。

さて、その後親鸞はどのような生涯を送ったのだろうか。

実はこのあと、親鸞に待ち受けていたのは息子・善鸞《ぜんらん》との争いであった。一二三五（嘉禎元）年、齢《よわい》六十を過ぎた親鸞は京都へ戻ったが、その後関東では彼の教えを拡大解釈する者が多く現れてきたため、息子の善鸞を送り込んでそれに対処することにする。

ところが、彼がいけなかった。親鸞の許へ届いた弟子からの手紙によれば、息子は「私だけが真実の教えを知っている。私が知っている教えこそ、父の本当の教えだ。それは、夜、父が私一人だけに密《ひそ》かに教えてくれた秘法だからである」と触れ回っているというのだ。

善鸞は、その後、父の教えを否定するかのように、「(父の伝えてきた)弥陀の教えは、父の真意ではない。いまはもうしぼんだ花のようだから、捨てようではないか」とまでいっているというのだ。これによって、親子のあいだの決裂は決定的となった。

さらに、善鸞はこの争いを鎌倉幕府へ訴えたものだから話はこじれ、法廷闘争にまで発展。親鸞は一二五六(康元元)年五月、善鸞と義絶したのだった。八十四歳という余命いくばくもない頃に息子と縁を切った親鸞の心はいかばかりか。

その六年後の一二六二(弘長二)年、十一月二十八日、親鸞は「死ねば賀茂川に入れて魚に与えよ」と遺言し、顔を極楽浄土があるとされる西側に向けて亡くなった。

徳川光圀はなぜ晩年に家老を刺殺したのか？

常陸《ひたち》国の水戸藩主・徳川光圀《とくがわみつくに》が三十年におよぶ藩主の座から退いたのは一六九〇（元禄三）年十月のこと。翌日、光圀は権中納言《ごんちゅうなごん》に任ぜられた。

光圀は一般的に「黄門《こうもん》さま」と称されて親しまれているが、これは権中納言を古代中国の官にあてはめたときに「黄門侍郎《じろう》」と呼ばれることによるものである。

だが、この昇進は光圀にとって特別な意味を持たなかった。藩主から引退したあとに権中納言になっても仕方がないからで、生類憐《しょうるいあわれ》みの令などの政策をめぐって対立していた五代将軍・徳川綱吉《つなよし》による仕打ちといわれている。

光圀は意気消沈のまま、江戸を去ったのだった。

では、その後の黄門さまはどのような晩年を送ったのだろうか。

光圀が隠居の地として選んだのは、久慈郡新宿村西山（現・茨城県常陸太田市新宿町）だった。なぜ水戸ではなく西山を選んだのかといえば、そこには父母と妻が眠る瑞龍山《ずいりゅうざん》があり、母の菩提寺である久昌寺《きゅうしょうじ》がすぐ側にあったからである。

隠居の家は「西山荘」と呼ばれ、質素な生活を送りながら、生涯を通じて編纂《へんさん》し続けた『大日本史』の原稿に目を通すなどしていたという。

ところが、そんな穏やかな晩年を送っていたかに見えた光圀だが、実は彼は一人の家老を刺殺している。

一六九四（元禄七）年三月より綱吉に「大学」の講義を請われ、江戸に滞在していた光圀は、同年十一月二十三日、小石川の藩邸で能を興行し終えたあと、楽屋に水戸藩の江戸家老・藤井紋太夫《もんだゆう》を呼び出し、刺殺したのだ。つまり、「手討ち」である。

史料をいくら手繰《たぐ》っても、なぜ光圀が紋太夫を殺したのか明らかにならないが、一説によると、紋太夫の専横が目立ったためとか、紋太夫が綱吉の側近・柳沢吉保《やなぎさわよしやす》とともに陰謀を企てていたためといわれる。ただ、それらの説もあくまで推測にすぎないようだ。

一七〇〇（元禄十三）年十二月、光圀は病床で静かにこの世を去った。手討ちの真相は、光圀があの世へ持っていってしまったため、これからも解明されることはないかもしれない。

浅草でストリップ小屋に通い続けた永井荷風

『あめりか物語』『ふらんす物語』『濹東綺譚《ぼくとうきだん》』『断腸亭日乗』など、数々の名作を著した小説家・永井荷風《ながいかふう》（本名は壮吉）。

欧米から帰国後、先の『あめりか物語』などを刊行したことによって、谷崎潤一郎と並ぶ耽美《たんび》派の代表的作家となった荷風だったが、太平洋戦争中の度重なる空襲に遭遇し、精神を病んでしまう。

そんな荷風を救ったのが、戦後に突如として訪れた「荷風ブーム」で、『来訪者』や『濹東綺譚』のほか、出版社からの依頼により全集が刊行されることになり、荷風は莫大な印税を手にしたのだ。

一九二三（大正十二）年九月一日の関東大震災により帝都の崩壊を目の当たりにした荷風は、それでも懸命に生きる市井《しせい》の人びとの姿に心を揺さぶられ、浅草通いがはじまっていた。

だが、戦火によって住まいとしていた麻布市兵衛町《あざぶいちべえまち》（現・東京都港区六本木）の「偏奇館《へんきかん》」を失い、各地を転々としたのち、戦後になってから従兄弟の大島一雄（杵屋五叟《きねやごそう》）一家とともに千葉県市川市に住んでいた。荷風にとっては煮え切らない毎日だったのだろう、一九四八（昭和二十三）年になってから、浅草へ足繁く通うようになったのである。

浅草での荷風は、大都劇場、ロック座、常盤座などに足を運び、楽屋を訪ねて踊り子たちと談笑したり、自作の劇中に端役で出演したこともあった。齢七十の老人を温かく迎えてくれる踊り子たちに、荷風の心は癒《いや》されたに違いない。

ところが、一九五九（昭和三十四）年四月三十日、早朝。荷風は市川の自宅で背広姿のまま絶命しているところを、通いのお手伝いによって発見される。死因は、胃潰瘍《いかいよう》による心臓発作であった。

ロック座で踊り子たちに囲まれ三味線を弾く永井荷風（写真提供：毎日新聞社）

また、荷風の死が特徴的だったのは、遺体の傍らに残されていた「遺産」である。そこには、三一万円の現金と、二三〇〇万円を超す預金が記された通帳があったのだ。大卒の公務員の初任給が一万円だった時代だから、単純計算で現在の金額に換算すると四億六〇〇〇万円以上となる。

戦後に起こった荷風ブームの凄さが理解できよう。

宇喜多秀家の子孫は明治まで流刑先の八丈島を出られなかった!

豊臣秀吉の寵愛《ちょうあい》を受けて五大老の一人となり、関ヶ原の戦い(一六〇〇年)では西軍の総帥として東軍(徳川家康方)と争ったが敗れた戦国大名・宇喜多秀家《うきたひでいえ》。

秀家は戦のあと、島津義弘《しまづよしひろ》を頼って薩摩へ落ち延びるが、かばい切れなくなった義弘によって家康に引き渡されてしまい、一六〇六(慶長十一)年四月、「鳥も通わぬ」とうたわれた八丈島《はちじょうじま》へ流罪となった。

このとき秀家は三十五歳で、長男・秀高《ひでたか》、次男・秀継《ひでつぐ》のほか、一〇人の従

者を伴っての道行きであった。
当時、八丈島は流刑の島であったが、秀家は身分の高い人物だけあって、島の住民からは「浮田流人」と呼ばれて丁重にあつかわれたという。
その後、三代将軍・徳川家光の治世、前田利常《としつね》の使者が八丈島の秀家の許を訪れ、「赦免《しゃめん》を願い出てはどうか」と打診したが、秀吉に取り立てられ、秀吉から名前の一字をもらっている秀家であってみれば、家康に仕えるなど死んでもできない。
秀家はそれを断り、釣り三昧の日々をすごして、一六五五（明暦元）年十一月、八十四歳でこの世を去った。

だが、家康に仕えることを断ったことがどこまで影響したのかは定かではないが、秀家の子孫はその後も島を出ることを許されず、赦免をえたのは明治維新後の一八六九（明治二）年になってからであったというのも驚きだ。

秀家死後から数えても、二〇〇年以上にもわたって宇喜多一族が許されることはなかったことになる。

なお、許された秀家の子孫が帰国するとき、一族は二〇家存在していたという。

現在にいたるまで、秀家辞世の歌といわれるものが残っている。

それは、「み菩提の種や植えけんこの寺へ　緑の松のあらん限りは」という歌で、「私の菩提を弔ってくれるこの寺へ、永遠の緑色をたたえる松の木のような仏様の種を植えておこう」という意味だが、これには、「自分が生きてきた証《あかし》として種を植えておきたい」という心情も詠まれている。

齢八十を越えたすえにたどり着いた秀家の安らかな境地が読み取れる句といえよう。

ヨーロッパ逃亡説もささやかれる大塩平八郎のその後

江戸後期、民衆のために立ち上がった大坂東町奉行所の名与力《よりき》・大塩平八郎《おおしおへいはちろう》。教科書にも載っている「大塩平八郎の乱」で有名な人物だ。

一八三三（天保四）年から一八三六（天保七）年にかけて発生した、いわゆる「天保の飢饉《ききん》」は、天候不順が原因となって引き起こされた全国的な飢饉であったが、これに際し平八郎は当時の奉行である跡部山城守良弼《よしすけ》に窮民を救済するよう何度も願い出たが、叶えられなかったため、近隣農村へ檄文《げきぶん》をまくなどして蜂起する。

それが、一八三七（天保八）年に起きた「大塩平八郎の乱」である。

だが、この乱は挙兵に失敗してしまったため、わずか一日で鎮圧されてしまう。平八郎はその後、大坂でひと月以上潜伏していたが発見され、養子の格之助とともに自焼自尽して果てた。

これが歴史として伝わる平八郎の最期だが、実はその後、平八郎は格之助のほか、五人の同志とともに天草《あまくさ》へ渡り、海を越えて中国、そして遠くヨーロッパまで逃亡していたのではないかという説があるのだ。

この説の根拠となっているのが、龍淵寺（大阪市天王寺区）に建つ秋篠昭《あきしのあき》足《たり》という人物の墓で、その墓銘碑に先の平八郎らのその後が刻まれているというのだ。

実は彼こそ平八郎らの逃亡を手助けした人物であるとされるのである。

また、碑文を刻んだ人物は昭足の娘婿・奥並継《おくなみつぐ》が生前の昭足の言葉をもとにして製作したものというが、奥は文部省の国史編修官という経歴を持っていたことから、平八郎のヨーロッパ逃亡説はまことしやかに語られるようになったようだ。

平八郎の最期が焼死だったこともあって、検分は正確に行なわれなかったのであろう。その後、身代わり説も出てくる始末であった。

もちろん、幕府の公式見解としては、平八郎は大坂市中の油掛町美吉屋にて捕縛され、焼け死んだことになっている。

なぜ死後四十年以上経っても林子平の墓は建てられなかったのか？

かつて、江戸時代前期から幕末の開国まで、日本では「鎖国《さこく》」という制度がとられていたと説明されていたが、現在の歴史教科書などでは「鎖国はなかった」という主旨で説明されている。

それは、鎖国体制下にあってもオランダや中国（清）、琉球《りゅうきゅう》と各藩を通じて交易していたことが近年の研究によって明らかにされてきたためで、山川出版社『詳説日本史（日本史B）』では「いわゆる鎖国」という表記になっている。

鎖国を「なかった」とするのはやや言い過ぎな印象も拭《ぬぐ》えないが、とにかく、「海外との交易が閉ざされていた」という表現は間違いである。

さて、そのようないわゆる鎖国体制下の日本で、幕末の開国から半世紀も前に、「日本が今後海外から侵略されることはたやすいことで、その攻撃に日本は無防備である」と提言した人物がいる。

それが、経世《けいせい》思想家の林子平《はやししへい》だ。「経世」とは「世を治めること」という意味だから、林はその分野の知識人といったところである。

林の名を有名にしたのは、『海国兵談《かいこくへいだん》』や『三国通覧図説』といった著書で、彼は長崎へ遊学した際に出島にいたオランダ商館長・フェイトなどよりロシア、朝鮮、琉球といった諸外国の事情を聞き、それらの著作を上梓することになる。

だが、先述のように、林がそれらを著した十八世紀末頃という時代は、いまだ太平の世をむさぼっていた時代である。海を越えて日本に兵が攻めてくるなど、一般的にはそれほど重く考えられてはいなかったのだ。

そのため、林の著述活動は売名行為として糾弾《きゅうだん》され、ときの老中・松平《まつだいら》定信《さだのぶ》の怒りを買い、著書の版木は没収。林自身も、仙台にて禁固の身となった。

「親もなし妻なし子なし版木なし　金もなければ死にたくもなし」

仙台に禁固刑となっていた林が詠んだ歌である。

失う家族もない代わりに、版木を取り上げられ、もしかしたら死を宣告されるのではないかという林の率直な気持ちが読み取れて興味深い。

林はその後、一七九三（寛政五）年、不遇のうちに病没するが、実は彼の墓が建てられたのは死後五十年を迎える直前の一八四一（天保十二）年のことであった。

それよりも二十年ほど前、実は林に対して特赦が行なわれていたのだが、「通達するのを忘れていた」という理由で、親族に墓の建立の許可が下りることはなかったのである。

林の墓が築かれたのは翌年の一八四二（天保十三）年のことで、甥の珍平《ちんぺい》によるものである。現在、林子平の墓碑は宮城県仙台市青葉区にあり、屋根付きで丁重に祭られている。覆屋の前には伊藤博文や大槻文彦《おおつきふみひこ》（国語学者）による顕彰碑も建ち、林の先見の明を讃えている。

死の間際まで夫婦生活に励んだ小林一茶

小林一茶《こばやしいっさ》といえば、俳聖・松尾芭蕉《まつおばしょう》とともに江戸時代を代表する俳諧師《はいかいし》だが、彼が結婚したのは、長年住んだ江戸をあとにして一八一二（文化九）年十一月に故郷の柏原《かしわばら》（現・長野県上水内郡信濃町）に戻ってからのことであった。

では、一茶の新婚生活とはどのようなものだったのか？

実は、一茶の結婚生活は、いままで押さえ込んでいた男としての本能がせきを切ったようにほとばしったものであったらしい。つまり、一茶は性生活に明け暮れたのである。

帰郷の翌年四月、五十二歳の一茶は隣村の常田きくという女性と結婚する。当時、きくは二十八歳というから、一茶の二十四歳年下ということになる。いわば、年から考えれば自分の娘の年代の女性と結婚したことになる。

そんな、年の差も影響していたのだろうか、一茶は強精剤とされる薬草を採りに行ったり、知り合いからゆずってもらうなどして手に入れていたという。

一茶の著した『七番日記』には夫婦生活の詳細が描かれているが、それによると、五十四歳のときには一晩に五回もしたとか、六日連続で一日あたり三、四回もしたという記述もあるようだ。

また、同書によれば、妻の妊娠がわかったあとも夫婦生活を頻繁に営んでいることから、子づくりのためではなかったことが読み取れる。

しかし、それが功を奏したのか、きくとのあいだには三男一女をもうけたのだが、四人の子どもは二歳にも満たずに全員夭逝してしまい、きくも結婚から十年後に亡くなってしまう。一茶は一転、失意のどん底に落とされたのである。

だが、一茶はほかの男とはちょっと違った。

一茶自身も体調が万全でないにもかかわらず、きくの死の翌年にはゆきという三十八歳の女性と二度目の結婚（三か月で離婚）、一八二六（文政九）年にはヤヲという三十二歳の女性と三度目の結婚をしているのだ。

こうして見てみると、一茶はどうやら年下、しかもだいぶ離れた年頃の女性が好みのようである。

ちなみに、ヤヲは一八二七（文政十）年十一月に一茶がこの世を去ってから五か月後、娘を生んでいる。

ということは、一茶は死の間際まで夫婦生活を営んでいたことになるのである。

旅を好む俳諧師は、やはり色をも好むものなのだろうか。

天正遣欧使節の少年たちは帰国後、どうなった？

一五八二（天正十）年、キリスト教の布教が盛んであった日本において、宣教師・バリニャーノはキリスト教の中心地・ローマへ使節を派遣することを計画、大友宗麟《おおともそうりん》、有馬晴信《ありまはるのぶ》、大村純忠《おおむらすみただ》の名代《みょうだい》（代理）として四人の少年が送られることになった。

これが、「天正遣欧使節《てんしょうけんおうしせつ》」と呼ばれるものだ。この使節は日本初の公式な欧州訪問団といえるが、このとき正使としてローマへ派遣されたのは伊東マンショ、千々石《ちぢわ》ミゲルで、副使は原マルチノ、中浦ジュリアンであった。

日本の歴史においては、正使、副使の別関係なく、この四人が天正遣欧使節のメンバーであると認識されている。

日本でどれほどキリスト教が広く布教されているのかをアピールするため

の意図も持ち合わせていた天正遣欧使節だが、さて、彼らは一五九〇（天正十八）年の帰国後、どのような人生を送ったのだろうか。

実は、彼らの帰国の三年前、日本では「バテレン追放令」が発布されていたため、四人は不遇な後半生を送ることになった。

最年長の伊東マンショは帰国後、イエズス会に入ったのち、マカオで神学を学び、一六〇八（慶長十三）年には長崎で司祭となった。だが、度重なる長旅に体が耐えられなかったのか、四年後、長崎にて病没している。

千々石ミゲルもイエズス会に入ったが、年々強まる弾圧の波に耐えきれず、一六〇一（慶長六）年、イエズス会を脱会。清左衛門《せいざえもん》と名乗って大村純忠の長男・喜前《よしあき》に仕えている（一六三三年没）。

最年少の原マルチノはイエズス会に入会後、マンショと同じく一六〇八年に長崎にて司祭となるが、禁教令（一六一二〜一三年）によってマカオに脱出。一六二九（寛永六）年に同地で病没している。

そして、中浦ジュリアンはイエズス会に入ったのち、マカオで神学を学び、長崎で司祭となったまではマンショやマルチノと同じだが、禁教令の発布後も日本国内にとどまって布教を続け、一六三三（寛永十）年、六十四歳で長崎にて殉教《じゅんきょう》した。

伝え聞くところによれば、ジュリアンは宣教師・フェレイラとともに逆さ吊りという拷問《ごうもん》を受けたが、信仰を捨てたフェレイラとは異なり、最後まで拷問に耐え抜いたという。そういう意味では、キリスト教にもっとも長いあいだ寄り添った人物こそジュリアンであるといえよう。

なお、天正遣欧使節の少年たちは活字印刷機械など、当時のヨーロッパで流行していた最新の知識を持ち帰るなど、近世の日本文化を発展させる原動力としての役目も果たしている。

長崎空港へと続く県道の側には「天正遣欧少年使節顕彰の像」が建てられ、彼らの事績を讃えている。

本当は家康方のスパイ!? 武将から茶人になった織田有楽斎

織田信長には一〇人（九人とも）の弟がいたといわれるが、なかでも末弟の長益《ながます》は長命を保ち、とある地名の由来とされる人物である。

その話はあとで述べることにして、まずは長益の前歴から記すことにしよう。

戦国武将としての長益は信長の弟でありながらまったく力量がなかったようで、長兄の信長が討たれた本能寺の変においては信長の長男・信忠《のぶただ》の軍勢として二条城へ入るが、信忠自害後に逃げ出し、岐阜城へ向かった。

その後、長益は信長の次男・信雄《のぶかつ》を支持していたが、のちに豊臣秀吉に寝返り、剃髪して有楽斎《うらくさい》と名乗った。秀吉の死後の関ヶ原の戦いにおいては家康方の東軍に付いたが、大坂冬の陣が勃発する頃には秀吉の遺児・秀頼《ひでより》を補

佐するため大坂城にいたという。

この行動だけ見れば、コロコロと猫の目のように身の置場を変えているように思えるが、一説によれば、大坂城に有楽斎がいたのは豊臣家の動向を探るためだったという。つまり、家康方のスパイというわけだ。

そして、大坂夏の陣によって豊臣家が完全に崩れ去ると、有楽斎は京都・建仁寺《けんにんじ》の正伝院《しょうでんいん》に隠退して茶の湯に精進するようになった。

先述のように、武将に向いていない有楽斎は若い頃より茶の湯をたしなみ、千利《せんのり》休《きゅう》に学んで「利休七哲」の一人に数えられるほどの腕前だったのだ。ただ、有楽斎は利休に学んだものの、独自の作法を展開していったようで、のちに有楽流が開かれている。

さて、ここで冒頭の地名の話の答えだが、もうおわかりだろう。答えは東京の「有楽町《ゆうらくちょう》」である。有楽町という地名の由来は、織田有楽斎が徳川家康から賜《たまわ》った屋敷にあり、彼の名前から取ったものという。

なお、数寄屋橋《すきやばし》という地名の由来も、有楽斎の屋敷の数寄屋から取ったと伝わる。

これは一般的に広まっている説であるが、実は有楽斎が江戸に住んだという記録はないようなので、彼が有楽町の地名の由来の直接的な人物とはいえないようだ。

大坂城でのスパイ活動といい、茶人への転身といい、織田有楽斎はどこかつかみどころのない印象がぬぐえない。

新選組組頭・原田左之助は満洲で馬賊になっていた!?

人物伝において、「あの人は日本国内で死んだのではなく、海を渡って海外へ逃亡したのだ!」という異説が生まれることがままある。

たとえば、「源義経《みなもとのよしつね》はチンギス・ハンとして生きていた」とか「西郷隆盛《さいごうたかもり》はロシアで凱旋《がいせん》の準備をしている」といったもので、それらはもちろん史実ではないのだが、判官《はんがん》びいきの日本人が生み出した荒唐無稽《こうとうむけい》な話とは一〇〇パーセント言い切れないのがミステリアスであり、興味深いところだ。

新選組組頭・原田左之助《はらださのすけ》の最期も、この系譜に属する。

史実では、鳥羽・伏見の戦いののち、左之助は組の方針をめぐって近藤勇と対立して離脱し、上野戦争に加わって戦死したとされているが、文献をたどってみると異なる歴史が顔をのぞかせる。

実は、左之助は中国へ渡って馬賊《ばぞく》軍に入り、次第に頭角を現して日清・日露戦争に参戦し、皇軍のために尽力したというのだ。

このようにいわれだしたのは大正時代になってからで、一九二三（大正十二）年六月八日の『愛媛新報』によると、松山を訪れた渡辺実という男が「原田は阪本（註：坂本龍馬のこと）を刺して間もなく満洲に亡命し、馬賊の群に投じて、後これが頭目《とうもく》と成り、日清、日露の両戦役に際して、常に皇軍のため貢献した人で、よほどの高齢ではあるが、今なお健在しているらしい」と語ったという。

渡辺は当時多摩産業新報社という会社の社員だったが、彼の妻の元夫が左之助と明治四十年頃に会ったことがあり、その話がもとになっているようだ。

また、『新選組始末記』を著した小説家・子母澤寛《しもざわかん》によれば、日清戦争のときに元気のよい「老軍夫」がおり、彼に「原田左之助か？」と問うと、「そうではない」とはいわなかったという。

その老軍夫がいうには、「わしは維新の時にある恥《はずか》しいことをした。再び日本へ帰る気はないから、一つ元気よく支那兵の弾丸に当りたい」と語ったとも記されている（「死損ねの左之助」『文藝春秋』昭和六年四月号）。

子母澤の『新選組始末記』には創作ないし脚色された部分が少なくないので、彼の執筆方針から考えると先述の寄稿も全面的に信じるわけにはいかないのだが、当時、左之助には義経や西郷のようにある種の判官びいきが寄せられ、それが伝説と化したと考えることもできよう。

なお、原田左之助はJR板橋駅からほど近い場所にある寿徳寺《じゅとくじ》境外墓地（東京都北区）に眠っている。「史実」として、ではあるが。

奇兵隊の隊士たちは解散後、いったいどうなった？

一八六三（文久三）年六月、アメリカとフランスの各軍隊に長州藩が報復されたことに対抗するために組織されたのが「奇兵隊《きへいたい》」である。

長州藩から遊撃隊の編成を命じられた萩藩士・高杉晋作《たかすぎしんさく》は、「陪臣《ばいしん》」「雑卒《ざっそう》」「藩士」といった身分や出身を問わず、志《こころざし》さえあれば力量しだいで入隊を認めたため、志願者が相次いだ。

その後、長州征伐や戊辰戦争などで活躍した奇兵隊だったが、明治以降はどうなったのだろうか。

実は、維新後、長州藩は奇兵隊を冷遇するようになったのだ。

考えてみればこれは簡単なこと。つまり、時代が新しくなったのだから、屈強で荒くれ者の集団は必要なくなったのである。

一八六九（明治二）年、奇兵隊は山口藩（明治以降の長州藩の名称）の兵制改革によって解散を余儀なくされたが、この兵制改革というのは、奇兵隊をはじめとする諸隊の中から二二五〇人のみを採用し、常備軍として組織するというものだった。

これに怒ったのがそのほかの隊士たちで、その数は二〇〇〇人以上におよんだ。そして、このいわゆる「脱隊騒動」を鎮圧するために兵を率いたのが木戸孝允《きどたかよし》だった。

木戸孝允（旧名は桂小五郎《かつらこごろう》）こそ、高杉晋作と同じく萩藩士として尊王《そんのう》攘夷《じょうい》派を指導した人物である。つまり木戸は、自分を育ててくれた土壌を自らの手で破壊する役割を任されたといえる。

木戸が鎮圧に乗り出したのは一八七〇（明治三）年二月のことだが、一説によると、鎮圧軍の戦死者は二〇、負傷者は六四、脱隊兵の戦死者は六〇、負傷者は七三におよんだというから、いかにこの戦いが凄惨であったかが読み取れる（一坂太郎『長州奇兵隊』）。

また、ある脱隊兵の場合、藩との戦いからは生き延びたものの、親族から疎《うと》まれたのか、あるいは人目をはばかったのか、その男の墓は一族とは別の方角を向いて建てられているという。

幕末という、さまざまな思惑と派閥が入り組んだ混沌とした時代に生まれ落ちた奇兵隊は、明治以降、その解散に際しても一筋縄ではいかなかったようである。

不老不死の薬を求めて来日した徐福のその後

秦《しん》の始皇帝《しこうてい》（在位前二四七～前二一〇）に仕え、不老不死の薬を探すため日本へわたったという伝説を持つ徐福《じょふく》。斉《せい》の国の人である徐福は、不死の術を施すことを生業《なりわい》とする者（これを「方士《ほうし》」と呼ぶ）で、呪術や祈禱《きとう》をし、仙薬の調合もしていたと伝わる。

中原《ちゅうげん》（中国大陸の中央部）を統一し、天下を治めた始皇帝だったが、たった一つだけ手に入らないものがあった。それが、「不老不死の生命」だったのだ。

その始皇帝の願いを実現すべく派遣されたのが徐福で、彼は不老不死の薬が存在するという「蓬萊山《ほうらいさん》」をめざして出航する。そして、徐福がその蓬萊山があるとした場所こそ、日本だったのだ。徐福は家族のほか、大工や農夫、

医師、石工、笠張など、総勢五五〇人余を伴って渡日したと伝わっている。

では、日本に渡ったあと、徐福たちはどうなったのだろうか。

結論からいうと、徐福は蓬莱山で不老不死の薬を見つけることができず、中国へ戻ることもできず、日本に住み着いたという。

徐福が来日した際に漂着した場所として考えられているのが紀伊半島で、和歌山県の熊野がとくに関連性が高いとされる。

新宮市には阿須賀《あすか》神社があるが、ここが徐福たちがたどり着いた場所であり、神社の背後に立つ山が蓬莱山であるという。戦後に行なわれた発掘調査によって神社の境内から弥生時代の住居跡や土器片が見つかったというが、それが徐福とどう関連しているかは不明だ。

だが、阿須賀神社が建つ一帯が古くから生活ないし祈禱の中心地であった可能性は捨てきれないといえるのではなかろうか。

現在では、JR新宮駅の側に徐福公園が築かれ、徐福の墓や顕彰碑、高さ二メートルほどの徐福像などが建っている。一九九四（平成六）年八月に開かれた公園の入口は中国風の楼門となっており、オレンジ色の屋根が目にきらびやかに映る。

日本国内には徐福の伝承地がざっと二〇か所以上も存在しているといわれる（福岡県八女《やめ》市、佐賀県伊万里市・佐賀市、秋田県男鹿《おが》市、東京都八丈島・青ヶ島など）が、一説によれば、徐福一行が不老不死の薬を求めてめざしたのは実は富士山で、富士五湖の湖底には徐福たちの住居跡が沈んでいるともいわれている。

徐福の日本渡来伝説は、日本の歴史が記録される前に起こったとされるとてもミステリアスな話ではあるが、その痕跡が日本各地に残っているということが何とも面白い。

五稜郭で降伏したあと、新政府に重用された榎本武揚

蝦夷地《えぞち》（現・北海道）にいわゆる「独立政権」を樹立するため、新政府に対して奮闘した旧幕臣・榎本武揚《えのもとたけあき》。だが、新政府の勢いを止めることは困難で、一八六九（明治二）年五月十一日、新政府軍は箱館（函館）に向けて総攻撃を開始、同月十八日、榎本らの立て籠もる五稜郭《ごりょうかく》は開城せざるをえなかった。

だが、オランダ語や英語を身に付け、幕府留学生としてオランダへの留学経験もある榎本を刑に処すのは忍びないという声が多く、薩摩藩の黒田清隆《くろだきよたか》をはじめ、榎本の助命運動に奔走する人びとも少なくなかった。黒田は、助

オランダ留学時代の榎本武揚。留学は1862（文久2）年のこと（国立国会図書館蔵）

命嘆願のため頭を坊主にしてその決意のほどを示したほどである。

二年半の獄中生活を送ったのち、自由の身となった榎本だが、彼はその後どうなったのか。実は、榎本の本領はこの後から俄然《がぜん》、発揮されることになるのだ。

釈放後の一八七二（明治五）年三月、北海道開拓使四等出仕としてその任に就いた榎本は、二年後には海軍中将兼特命全権ロシア公使に就任、続いて、外務大輔、海軍卿、清国公使のほか、逓信《ていしん》、農商務、文部、外務の各大臣を歴任するなど、八面六臂《はちめんろっぴ》の働きを見せるのである。

なぜ、これほどまでの活躍を榎本は見せたのか？　それはひとえに榎本に実力があったからで、はじめて出仕した北海道では幌内《ほろない》地方の石炭層を発見するなどしている。また、長崎海軍伝習所で造船や測量、航法などを学んでいたことも、榎本の能力をさらに高めるのに役立っていた。

また、口数は少なかったが、情にもろく、人を惹き付ける力が榎本にはあった。先述のように、黒田が榎本の助命嘆願を強く行なったのは、五稜郭が落ちる数日前に黒田が榎本から『海律全書』という国際法の本を贈られたことにあるらしい。オランダ留学時代、榎本が精読した本とともに、「この書は、海軍日本に二つとないものだから、兵火で失うのは惜しい」という手紙を託された黒田は、その榎本の誠実さに惹かれて感動したのであった。

なお、晩年になるまで明治政府を裏方として支え続けた榎本の楽しみといえば、向島百花園《むこうじまひゃっかえん》（現・東京都墨田区）を訪れ、冷酒を茶碗でやることであったと伝わる。

巣鴨収容所への出頭を命じられた近衛文麿のその後

公爵・近衛篤麿《このえあつまろ》の長男で政治家として内閣を組織した近衛文麿《ふみまろ》。

「困難なときには政権を投げ出す」などといわれる一方で、自身の公爵としての立場を利用して日米関係の改善に努力した事実が評価されるなど、彼の政治家としての評価は現在でも定まっていないといえるが、いずれにせよ、困難な局面に登場させられたのは不運だったとしかいいようがない。

また、軍部が暴走を続ける昭和初期において、政権の舵取りを任せることができるのは近衛文麿をおいてほかにいなかったともいえよう。

だが、近衛のそんな努力も実ることはなく、日本は無条件降伏し、第二次世界大戦は幕を閉じた。

では、その後、近衛はどうなったのだろうか。

実は彼は、戦後巣鴨《すがも》収容所への出頭を命じられたのだが、出頭日の朝、自殺している。青酸カリを飲んだことによる服毒死であった（享年五十四）。

戦犯容疑者として近衛に逮捕令が出たのは一九四五（昭和二十）年十二月八日のことで、同月十六日に出頭せよとのことであった。出頭の前日に近衛の側にいたのは後藤《ごとう》隆之助《りゅうのすけ》（昭和研究会のまとめ役）や作家・山本有三《やまもとゆうぞう》、そして肉親のみであったが、自殺をほのめかすことはなかったようだ。それでも肉親は万が一のこともあるかもしれないと気をつけ

戦後、Ａ級戦犯の容疑者として逮捕される直前に自殺した近衛文麿（国立国会図書館蔵）

てはいた。

そして、日付が変わって十六日の午前一時。文麿が次男・通隆《みちたか》に「何か書くものを……」というので通隆が鉛筆と便せんを手渡すと、こう書いた。

「僕は支那事変以来、多くの政治上過誤を犯した。之に対し深く責任を感じて居るが、所謂《いわゆる》戦争犯罪人として、米国の法廷に於て裁判を受けることは、堪え難いことである。（後略）」

「なぜ私が裁判を受けなければならないのか?」という悔しさがこの文章からはにじみ出ているように思える。だが、近衛はその真意を自らの口で伝えることなく、この世を去った。十六日の朝、午前六時、寝室の明かりがついているので見に行った妻・千代子が、こと切れている夫を発見したのだった。

検死は東京裁判の検事団の医師によって行なわれ、青酸カリの入った小ビンも押収された。死の五日後、麻布の養正館にて葬儀が営まれ、近衛家累代の墓所である京都の大徳寺《だいとくじ》に葬られた。

首が忽然と消えた!? 磔刑に処せられた国定忠次

「赤城《あかぎ》の山も今宵かぎり」の講談の一節で有名な、江戸後期の俠客《きょうきゃく》・国定《くにさだ》忠次《ちゅうじ》。上州佐位郡国定村（現・群馬県伊勢崎市国定町）の出身で、本名を長岡忠治郎《ながおかちゅうじろう》という。博徒の親分となったのは一八三二（天保三）年、二十二歳のときで、二年後、縄張り争いから同じ博徒の島村伊三郎《しまむらいさぶろう》を殺害したことで一躍その名を轟《とどろ》かせた。以降、賭博や殺人、関所破りなどあらゆる罪を重ね、一八五〇（嘉永三）年八月、田部井《ためがい》村の名主の家にかくまわれていたところを関東取締出役によって捕われ、同年十二月、大戸の関所（現・群馬県吾妻郡東吾妻町大戸）にて磔刑《たっけい》に処せられた。

以前、忠治は子分の仇討ちの際に数十人の子分を武装させて関所破りをしたことがあったが、当時関所破りは重罪だったため、大戸の関所で刑が執行されることになったのだった。

さて、その後の話だが、斬られた忠治の首が忽然《こつぜん》と消えるという事件が起こっている。犯人は定かではないが、一説によれば最後の妾・菊池徳《きくちとく》（お徳）の仕業ともいわれた。実際、徳は忠治の片腕を刑場から盗み出し、善応寺《ぜんのうじ》（群馬県伊勢崎市）の境内に「情深墳《じょうしんづか》」を建ててその菩提を弔っている。

情深墳には忠治の戒名である「遊道花楽居士」と刻まれているが、裏面にも「念佛百万遍供養」と彫られている。徳の忠治に対する深い愛情が読み取れる。

ちなみに、忠治の墓は養寿寺《ようじゅじ》（群馬県伊勢崎市国定町）にあるが、博徒だったということから、忠治の墓を削って肌身に付けると賭け事に強くなるという伝説が広まり、削られることが多く、角は欠け丸みをおびた姿となっている。

現在の墓は二代目で、柵でおおわれていることが、忠治の人気の根強さを物語っていて興味深い。

第6章

日本史を動かした女たちの「その後」

晩年は勝海舟とのロマンスも？徳川家定に嫁いだ天璋院篤姫

薩摩藩主・島津斉彬《しまづなりあきら》と筆頭老中・阿部正弘《あべまさひろ》の画策によって、一八五六（安政三）年、江戸幕府の一三代将軍・徳川家定《とくがわいえさだ》の許へ嫁いだ篤姫《あつひめ》。斉彬ら一橋《ひとつばし》派は、家定の後継者として一橋慶喜《よしのぶ》を推していたが、篤姫を送り込むことによって大奥からの援護射撃を目論んだともいわれる（異説あり）。

だが、一橋派は政争に敗れ、一四代将軍の座に就いたのは紀州派の慶福《よしとみ》で、さらに一八五八（安政五）年には夫の家定が病死。篤姫は剃髪し、天璋院《てんしょういん》と名乗った。かつて養父であった斉彬もこの世を去り、ひとまず彼女が大奥に送り込まれた意義は、失われた。

その後、篤姫（以下、天璋院）はどのような生涯を送ったのだろうか。

一四代将軍の家茂《いえもち》（慶福）は皇女・和宮《かずのみや》を娶《めと》ったが、大坂城にて病没し、跡を継いだ一五代将軍の慶喜も江戸城には帰ってこない。結果、一三代将軍の御台所《みだいどころ》であるにもかかわらず、天璋院に課せられた役割は大きかった。

王政復古のクーデタのあと、西郷隆盛《さいごうたかもり》らが江戸へ攻め上がったときも江戸城に留まり続けたし、明治維新後、徳川家を継いだ家達《いえさと》（田安亀之助《たやすかめのすけ》）が成年に達して近衛泰子《このえひろこ》と結婚するまで、天璋院は徳川家の「女主人」として務めなければならなかったのである。

天璋院が四十九歳でこの世を去るのは一八八三（明治十六）年十一月のことだが、晩年は勝海舟《かつかいしゅう》と親しかったとされる。一説によれば、天璋院と勝は恋人の関係にあったのではないかともいわれるが、定かではない。

ただ、一八七二（明治五）年頃に天璋院から勝に出された手紙には、当時静岡にいた勝の身を心配した天璋院が「早く東京にきてほしい」という旨の内容が書かれているらしく、二人の関係性が浅くはなかったことを思わせる。

このとき、天璋院は数えで三十八歳。女盛りである。二人の仲の真実は定かではないが、幕臣の勝と、徳川家を守り続けた天璋院のあいだに相通じるものがあったことは事実であろう。

夫・徳川家茂の写真を抱いて逝った皇女・和宮

幕末の混乱期、朝廷と幕府の仲を強固なものにするため、政略結婚の犠牲となった皇女・和宮《かずのみや》。

仁孝《にんこう》天皇の第八皇女で、孝明《こうめい》天皇の異母妹にあたる彼女は、一八六〇（万延元）年四月、数え十五歳のとき、同い年の一四代将軍・徳川家茂《いえもち》の許へ嫁ぐことになった。いわゆる「公武合体《こうぶがったい》」である。「公」は朝廷、「武」は幕府のことをさしている。

和宮は六歳のときに有栖川宮熾仁親王《ありすがわのみやたるひとしんのう》と婚約しており、また、身分上、京都御所の外へ出ることは滅多になかったことから下界を知らず、江戸へ下ることを嫌がったが、瀕死の状態にあった幕府は天皇家と姻戚関係を結ぶことによって権威を回復しようと試みたのであった。

だが、情勢は和宮にとってははなはだ不利であった。一八六八（慶応四）年一月三日にはじまった鳥羽《とば》・伏見《ふしみ》の戦いで薩長連合軍と幕府が衝突すると、「実家」である朝廷は薩長側を官軍とし、「嫁ぎ先」である幕府を朝廷の敵である朝敵とした。

まさに和宮はこの狭間に置かれてしまったのである。

朝廷に手紙を送り、官軍の江戸城への進軍を少しでも遅らせようと努める和宮。官軍を直接率いる指揮官へ手紙を送ったこともあった。

それが功を奏したのか、官軍は中山道《なかせんどう》の板橋宿でいったん止まり、同時期に行なわれていた勝海舟と西郷隆盛の会見によって、江戸城が火の海に包まれることは回避されたのだった。

だが、このときすでに夫・家茂はこの世にいなかった。一八六六（慶応二）年七月、家茂は大坂城にて病死していたのだ（享年二十一）。夫と過ごしたのがたとえ二年余であったとしても、自分は幕府側の人間。江戸城無血開城ののち、徳川家が一介の大名に成り下がり、駿府《すんぷ》へ移されるのを見届けたのち、和宮はようやく京都へ戻っていった。

では、その後和宮はどのような人生を送ったのだろうか。

実は彼女は、一八七七（明治十）年、三十二歳という若さで病によりこの世を去っている。

そして、遺言により、徳川家の菩提寺《ぼだいじ》である増上寺《ぞうじょうじ》（東京都港区）にある夫・家茂の墓の隣りに葬られた。

なお、戦後、改葬のために発掘調査したところ、副葬品として亡骸と一緒に埋められた乾板《かんぱん》写真が確認された。それには直垂《ひたたれ》に立烏帽子《たてえぼし》姿の男性が写っていたが、取り扱い方が悪かったようで、発見の翌日には消えてしまったという。写真に写っていた男性とは、一般的には夫・家茂とされているが、幼少の頃に婚約した有栖川宮熾仁親王ともいわれている。いまとなっては写真の主を特定することは不可能だが、それが誰だったのか、気になるところではある。

北条政子の死因は、政争で破った敵の後妻の怨霊だった!?

鎌倉幕府初代将軍・源《みなもとの》頼朝《よりとも》の妻で、「尼将軍《あましょうぐん》」と称された女傑・北条《ほうじょう》政子《まさこ》。

彼女が尼将軍と呼ばれたのは、心から愛した夫・頼朝がこの世を去ったことで政治の表舞台に立たざるをえなかったことによるものだが、頼朝の死後、政子はどのような生涯を送っていたのだろうか。

政子の運命が暗転するのは、頼朝の死後すぐのことである。長男の二代将軍・頼家《よりいえ》は失政から外祖父・北条時政《ときまさ》（政子の父）によって幕府の主導権を奪われ、出家のうえ伊豆の修禅寺《しゅぜんじ》に幽閉。北条氏によって殺害されたといわれる。

さらに、次男の三代将軍・実朝《さねとも》は頼家の子、つまり甥の公暁《くぎょう》によって鶴《つるが》

岡八幡宮《おかはちまんぐう》の境内《けいだい》にて殺害された。公暁もまたその後、逃亡先で三浦義村《みうらよしむら》の部下に殺されている。

政子は血を繋いだ子孫すべてに、先立たれてしまったのである。

だが、政子の人生の第二幕は、夫・頼朝を失った時点ではじまっていた。北条氏が鎌倉幕府の実権を握り続けるために生きることこそが、政子の至上命題となったのだ。

政子の力が遺憾なく発揮されたのは後《ご》鳥羽《とば》上皇が二代執権《しっけん》・北条義時《よしとき》に対して追討宣旨《ついとうせんじ》を下したときであろう。いわゆる「承久《じょうきゅう》の乱」である。

このときすでに六十五歳だった政子だったが、御所に参じた多くの家来たちに向かって、「皆、心を一にしてうけたまわるべし。これ、最後の詞《ことば》なり」と演説したと伝わる。

ところがこの戦いののち、義時の後妻（伊賀《いが》氏）は、実兄・伊賀光宗《みつむね》と組んで自分の子である政村《まさむら》を執権の位に就けようと画策。これを耳にした政子は伊賀氏側を説き伏せて策略をやめさせ、伊賀氏を伊豆へ流すことに成功した。

なお、伊賀氏は流された先で亡くなったというが、その怨霊《おんりょう》は鎌倉へと舞い戻り、政子を襲ったという。一二二五（嘉禄元）年七月、政子は六十九歳で病死しているが、彼女を死にいたらしめたのも伊賀氏による怨霊のためと伝わっている。

三代将軍・源実朝の暗殺後、未亡人はどうなった？

一二一九（承久元）年一月、鶴岡八幡宮《つるがおかはちまんぐう》における右大臣拝賀ののち、甥の公暁《くぎょう》に暗殺された鎌倉幕府三代将軍・源実朝《みなもとのさねとも》。彼が暗殺されたあと、未亡人となった妻はその後、どのような人生を送ったのだろうか。

鎌倉幕府の歴史を編年体（年月を追って記述する方法）で記した『吾妻鏡《あずまかがみ》』によれば、実朝の妻は夫が暗殺された翌日の一月二十八日、法名を「本覚《ほんかく》」と称して落髪した。つまり、仏門に入り、尼となったのだ。

一一九三（建久四）年、内大臣・坊門信清《ぼうもんのぶきよ》の娘として生まれた彼女は、十二歳のとき、一つ年上だった実朝と婚約。一二〇四（元久元）年、鎌倉に到着して妻となった。彼女は穏やかな性格の持ち主で、姑である北条政子との関係も良好であったという。

だが、子宝に恵まれなかったこともあって、夫の死後は鎌倉に留まる理由もなくなった。そして、夫の一周忌が過ぎた一二二〇（承久二）年春、鎌倉をあとにしたのだった。

その後、彼女は尼として夫や亡き父などを弔う日々を送り、一二三〇（寛喜二）年には平家一門の邸宅群があった京の西八条第《にしはちじょうてい》に遍照心院《へんじょうしんいん》という名の寺院を建立している。遍照心院の本尊である阿弥陀如来《あみだにょらい》像は、かの運慶《うんけい》の長男である湛慶《たんけい》一派に依頼したということからも、同寺院の格式の高さをうかがうことができる。

しかし、本覚が寺院を建てた頃、彼女の血縁の大方がすでにこの世から去っており、存命なのは夫の兄・頼家の娘で養子となった竹御所《たけのごしょ》と貞暁《じょうぎょう》（源頼朝の息子）のみであった。鎌倉幕府において、表舞台で活躍していた人びとは、すでに皆没していたのだった。

そんな中、一二七四（文永十一）年九月、本覚は遍照心院の西に位置する西御所にて死去した（享年八十二）。源実朝という悲劇の将軍に嫁いだばっかりに、何とも寂しい最期であった。

木曾義仲と別れたあとの愛妾・巴御前の行方は？

鎌倉時代の「女武者」といえば、巴《ともえ》である。彼女の出自については、木曾《きそ》義仲《よしなか》の乳母の夫・中原兼遠《なかはらのかねとお》の娘（『源平盛衰記《げんぺいせいすいき》』）や樋口兼光《ひぐちかねみつ》の娘（『源平闘諍録《とうじょうろく》』）などといわれるが、定かではない。

色白で器量がよく、いざ合戦ともなれば鎧《よろい》を身にまとって一方の大将とも互角に闘うことができる女性であった。

そんな巴が義仲と生き別れたのは、一一八四（元暦元）年一月、近江国粟津《あわづ》ヶ原《がはら》での戦いでのこと。源氏方との戦闘で主従五騎（巴を含む）となってしまった義仲は討死《うちじに》を覚悟したことから、巴に向かい、戦場からの離脱を告げたのだ。

義仲の忠告を受け入れない巴であったが、ついに折れ、最後に大将格の御《おん》田《だ》八郎師重《もろしげ》の首をねじ切ると、鎧と兜《かぶと》を脱ぎ捨て、東国へと落ち延びていったのだった。

では、巴はその後どうなったのだろうか。

一般的に知られているのが、『源平盛衰記』における記述である。同書によると、鎌倉へ下向した巴は、斬首の刑から救ってくれた和田義盛《わだよしもり》に嫁し、朝《あさ》比奈三郎義秀《ひなさぶろうよしひで》を生んだとされる。そして、義秀が戦死したあとは石黒氏を頼って越中に行き、出家して尼になって九十一歳まで生きたとする。

だが、『吾妻鏡』の記述と照らし合わせてみると、『源平盛衰記』の内容は史実とは異なるようで、実は定かなことはわかっていない。

国文学者の故・水原一氏によると、『平家物語』における「これよりいづちへも落ちゆき、義仲が後世をもとびらひなんや」という記述などから、義仲をはじめとするかつての兵士たちの活躍の物語を人びとに伝える、「語《かた》り部《べ》」として人生を送ったのではないかと推察している。

また、源義経《みなもとのよしつね》の愛妾《あいしょう》・静御前《しずかごぜん》や曾我十郎《そがじゅうろう》の妾・虎御前《とらごぜん》と同様、巴も「巴御前」と呼ばれていることから、静御前や虎御前と同じく戦死者の菩提を弔う旅に出たとも考えられる。

いずれにせよ、巴は自分よりも先に逝ってしまった男たちの霊を慰《なぐさ》める日々を送っていたのだろう。

酒を飲み、夫・坂本龍馬との思い出に浸ったお龍

坂本龍馬の妻・お龍《りょう》は、一八六七（慶応三）年十一月十五日に夫が京都の近江屋《おうみや》で暗殺されてから、どのような人生を送ったのだろうか。

時間を少しだけ巻き戻してみる。

日本初の新婚旅行ともいわれる鹿児島での旅を過ごしたあと、お龍は長崎、下関ですごし、夫の訪れを待っていた。だが、争乱の京都で行動していた龍

馬は、新たな日本の誕生を見ることなく、この世を去った。このとき、お龍はまだ二十七歳にすぎなかった。

その後、龍馬の遺言に従い長府《ちょうふ》藩士・三《み》吉慎蔵《よししんぞう》の許に預けられたお龍は、土佐の坂本家に入るが、義兄夫婦と折り合いがつかず、家を出る。土佐を出たお龍が向かったのは京都の霊山《りょうぜん》辺りで、そこで龍馬の墓の守をしていたが、伝手《つて》を頼って東京へ。だが、そこでも落ち着かず、神奈川県三浦郡へ居を移したお龍は、西村松兵衛という近江八幡出身の大道商人と再婚した。

一説によると、お龍と松兵衛の出会いは偶然なものではなく、以前からの顔見知りであったともいわれる。このとき、お龍は三十五歳という女盛りである。世も明治という新たな時代を迎えている。心機一転、自分の人生をやり直そうとしたのであろうか、結婚の翌年の一八七五（明治八）年、お龍は「ツル」と改名した。

ただ、夫・龍馬を亡くしたあとのお龍は、土佐にいたときには何かといえば「龍馬が、龍馬が……」と口にしていたといい、再婚後に受けた取材においては、酒を片手に龍馬との思い出話を語ったという。

伝わるところによれば、お龍は無類の酒好きで、晩年には三日間酒を飲みっぱなしだったという逸話も残っている。

そんなお龍は、一九〇六（明治三十九）年一月、横須賀でこの世を去った（享年六十六）。信楽寺《しんぎょうじ》（神奈川県横須賀市）にはお龍の墓が建っているが、「阪本龍馬之妻龍子之墓」と刻まれている。名字が「坂本」ではなく「阪本」となっているのは、坂本家の先祖にならったもののようである。

松兵衛と再婚したとはいえ、やはり龍馬を忘れることはできなかったのだろう。

インドネシアに追放されたジャガタラお春のその後

ジャガタラお春は、江戸時代の鎖国政策によって翻弄《ほんろう》された悲劇の女性である。

一六二五（寛永二）年、父のイタリア人航海士ニコラス・マリンと、日本人の母・マリアとのあいだに生まれたお春は、一六三九（寛永十六）年十月、母と姉とともにジャガタラ（現・ジャカルタ）へ追放された。

それ以前より、鎖国政策を布《し》きキリシタン取り締まりを強化していた江戸幕府によって、ポルトガル人およびその妻子ら二八七人がマカオへ追放されていたが、島原の乱後、さらにそれを押し進める幕府は追加で「異人」の追放を計画。

一六三九年に、イギリス人やオランダ人などと結婚した日本人とその子どもら三二人を追いやった。お春一家も、それに含まれていたのだ。

では、ジャガタラへ渡ったお春はその後どうなったのだろうか。

お春は日本から追放された六年後、二十一歳のときに平戸《ひらど》生まれのオランダ人シモン・シモンセンと結婚。夫とのあいだに四男三女をもうけている（そのうち三人は早世）。

夫が東インド会社の事務員補や税関長などを歴任したことから、裕福な生活を送ったとされる。

また、一六七二（寛文十二）年に夫を失ってからも、夫が遺した莫大な遺産を相続し、家族とともに何不自由なく暮らしたようだ。

一六九七（元禄十）年に七十三歳で亡くなる五年前には遺言状を書いており、娘・マリアや孫たちに遺産を分配。そのときにお春は「ぜらうにま」と署名している。お春の洗礼名は「ジェロニマ」といい、それを日本語のかなで記したのだった。彼女の心の奥底には、いつまでも故郷である日本があったということだろうか。

ちなみに、お春がジャガタラ滞在時に知人へ送ったとされる「ジャガタラ文」に記された「あら日本恋しやゆかしや、見たや見たや見たや」という文章（および、一連の手紙）は、江戸中期の長崎の天文学者・文人の西川如見《にしかわじょけん》の手による創作とされる。

そのため、実際のお春の心の裡《うち》は定かではないが、鎖国に人生を弄《もてあそ》ばれたことだけは確かだろう。

晩年は墓守となった『枕草子』の著者・清少納言

清少納言《せいしょうなごん》といえば、『源氏物語』を著した紫式部《むらさきしきぶ》と並んで平安時代を代表する女流作家として有名だ。

彼女が頭角を現したのは二十代後半のことで、一条天皇の中宮《ちゅうぐう》・定子《ていし》に出仕し、当意即妙の才気によってたちまち後宮サロンの花形となったときである。彼女の代表作『枕草子《まくらのそうし》』も、中宮から「何か書いてみよ」といわれて紙をもらったが、枕にしようかとも考えて書き付けたことが題名の由来となったと伝えられている。

この逸話から考えても、清少納言にとって定子の後楯は絶対的に必要だった。

ところが、定子の父・藤原道隆が没し、兄・藤原伊周《これちか》が誤って花山院に矢を射かけたことによって失脚し、さらに藤原道長の娘・彰子《しょうし》が一条天皇に中宮として入内《じゅだい》すると、定子は宮廷を辞し、尼となって、一〇〇〇（長保二）年に亡くなってしまう。

これにより、清少納言も宮廷を去ることを余儀なくされ、受領《ずりょう》・藤原棟世《むねよ》と再婚するものの、地方へ下ったのだった。

その後の清少納言だが、『古事談《こじだん》』によれば、若い殿上人《てんじょうびと》たちが彼女の家の前を通りかかったとき、その家の汚さから「清少納言も落ちぶれたものだ」

と嘲笑《ちょうしょう》したところ、鬼のような形相で簾《みす》を上げて顔を出し、「駿馬《しゅんめ》の骨を買はずやありし」と反撃したという話が残っている。

これは、中国の故事にならったもので、「私は、いまでは馬の骨のようになってしまってはいるが、かつての駿馬のような私を厚遇すれば、有能な人材が必ず集まってくる」という意味に解釈できる。

老いてもなお、清少納言は再び華やかな世界で活躍することを願っていたのだ。

なお、最晩年の彼女は、定子が葬られている鳥辺野《とりべの》御陵が間近に望める洛東の月輪に隠棲し、墓守になったと伝えられている。

実は生き延びていた⁉忠興の妻・細川ガラシャ

明智光秀《あけちみつひで》の三女で、細川忠興《ほそかわただおき》に嫁いだ細川ガラシャ（本名は玉子《たまこ》）。

彼女の運命が暗転するのは、父・光秀が首謀したとされる本能寺の変（一五八二年）のときのことで、嫁ぎ先の細川家が明智方に付くことを拒否したため、玉子の処置に困った細川家は彼女を味土野《みとの》（現・京都府京丹後市）に幽閉する。

その後、玉子は夫の許へ戻るが、次第にキリスト教に惹《ひ》かれていき、一五八七（天正十五）年、侍女・清原マリアの導きによって受洗。洗礼名をガラシャとした。

ガラシャとは「恩寵《おんちょう》」「神の恵み」を意味するラテン語である。

そして、関ヶ原の戦いが起こる二か月前の一六〇〇（慶長五）年七月、石田三成により大坂城へ人質に取られることを拒んで、大坂の細川家の屋敷にて家老に介錯《かいしゃく》させ、亡くなったのだった。これが、一般的にいわれているガラシャの最期だ。

ところが、実はガラシャは生き延びていて、介錯されたのは侍女・清原マリアなのではないかとする説がある。

その証拠が、京都市伏見区のとある老舗《しにせ》料理屋の裏庭に建っている織部灯《おりべどう》籠《ろう》で、この灯籠には「GARASHA」との英名が刻まれており、しかも灯籠の中心部には十字架を模した意匠が施されているのである。

これはいったいどういうことなのだろうか。

作家の故・岩城希伊子氏によると、この織部灯籠は侍女である清原マリアの菩提を弔うためのものであり、自分の身代わりとなった彼女を悼《いた》んだガラシャが築いたのではないかとしている。

実はガラシャとマリアは容姿がとても似ており、マリアはガラシャの身代わりとして政治活動をしていたとされる。

細川家の家史である『細川家記』によれば、豊臣秀吉から「ガラシャに会いたい」という要請があったとき、ガラシャは「秀吉は父（光秀）を討った人物だから会えない」ということで、代理としてマリアが秀吉と会見したとしている。つまり、ガラシャとマリアは一心同体であったわけだ。

これらのことから、マリアの身代わり説が語り継がれるようになった。

現在、ガラシャの墓は大阪の崇禅寺《そうぜんじ》（大阪市東淀川区）や泰勝寺《たいしょうじ》跡（熊本県熊本市）、高桐院《こうとういん》（京都市北区）に建っており、各々にガラシャが葬られた由来がある。だが、織部灯籠のように、その史実をくつがえす可能性のある史跡があることも、また事実なのである。

夫亡きあと、篤志看護婦として戦争に従軍した新島八重

「幕末のジャンヌ・ダルク」とのちに称され、大河ドラマのヒロインにも選

ばれた男勝りの女性、新島八重《にいじまやえ》。

一八四五（弘化二）年、会津藩の砲術師範を務める山本権八《ごんぱち》の三女として生まれた八重は、父からは会津藩士の心得を学び、兄・覚馬《かくま》からは砲術を指南された。

八重が過ごした二十代前半はまさに内乱の時代で、生まれ故郷の会津藩は朝敵《ちょうてき》となった幕府方の筆頭だった。八重は戊辰《ぼしん》戦争において、鳥羽・伏見の戦いで負った傷がもとで死んだ弟・三郎の衣装を羽織り、断髪して銃を抱え、必死に官軍と戦った。

だが、戦争で父・権八も亡くなり、兄はすでに官軍の捕虜となっていた。幕末という時代は、八重に悲劇しかもたらさなかったのだ。

戦後、薩摩藩に捕えられていた兄が京都で生きていることを知らされた八重は、母と姪とともに上京。そこで日本初の女子中等教育機関である新英学校及女紅場に職をえた八重は、準宣教師・新島襄《じょう》と出会い、結婚する。

八重はそれ以前に会津で砲術師範・川崎尚之助《かわさきしょうのすけ》と結婚していたため、このときは再婚だったが、八重は襄と出会ったことによってクリスチャンとなり、多くの教え子を育てることに邁進した。

しかし、夫の襄は同志社社長としての仕事など、激務がたたったのか、結婚後に体調を崩すことが多くなり、重篤な状態に何度も陥ったのち、一八九〇（明治二十三）年一月、この世を去ってしまう。わずか十四年という短い結婚生活であった。

では、その後の八重はどのような生涯を送ったのだろうか。

八重が夫を失ったあとに取った行動とは、日清・日露の両戦役に篤志《とくし》看護婦として従軍することであった。夫・新島襄と出会い、クリスチャンとなった八重にとって、他人のために生きることが自分の喜びとなっていたのだ。

なお、八重はこの従軍に関して、一九二四（大正十三）年十二月には貞明《ていめい》皇后（大正天皇の皇后）が同志社女学校へ行啓された際に単独謁見《えっけん》を許されており、ねぎらいの言葉を賜《たまわ》ったという。

その後、一九三二（昭和七）年二月、八重の米寿晩餐会が催される予定であったが、体調が思わしくなく延期され、四か月後の六月十四日、急性胆のう炎のため自宅で亡くなった。

亡くなる四年前、戊辰の年が再びめぐってきたとき、八重は次の歌を詠んでいる。

「六十とせの昔をかたる友もなく　あはれさみしきこほろきのこゑ」

晩年の八重の心の奥底には、やはり会津時代の悲劇が残っていたというべきか。

『たけくらべ』発表後、一年足らずで没した樋口一葉

樋口一葉《ひぐちいちよう》は、日本の紙幣に女性としてはじめて肖像画が用いられた人物で、短編小説『たけくらべ』が代表作だ。

思春期に差し掛かった少年少女の愛の目覚めを描いた『たけくらべ』は、一

八九五（明治二十八）年から翌年にかけて『文学界』に連載されたもので、連載終了後の一八九六（明治二十九）年五月に『文芸倶楽部』に一括して再掲載されると、あちこちから絶賛の声が聞かれはじめ、雑誌の書評欄において森鷗外《もりおうがい》、幸田露伴《こうだろはん》、斎藤緑雨《さいとうりょくう》が激賞。一葉の名は一気に文壇に知れ渡った。

鷗外などは「この人にまことの詩人という称をおくることを惜しまざるなり」と、一葉を手放しでほめ讃えている。

だが、その後の彼女は、『たけくらべ』の高評価におごることはなかった。というよりも、絶賛をいくらもらったとしても直接お金になるわけではない。母・たきと妹・邦子を筆一本で養っていかなければならない一葉は、肺結核にかかっているにもかかわらず執筆作業を続け、『通俗書簡文』という日曜百科全書を書き進めなければならなかったのである。

十七歳のとき、父・則義《のりよし》が事業に失敗し、まもなく亡くなってから、生活を維持できるだけのお金を稼ぐことが一葉にとってみれば何よりも重要なことだった。体は満身創痍《まんしんそうい》であったが、とにかく稼ぐことが必要であった。

しかし、『通俗書簡文』の刊行から半年後の一八九六年十一月二十三日、わずか二十四歳という若さで一葉は没した。『たけくらべ』が世間的に称賛されて、その余韻に浸る間もなく、彼女はあの世へ行ってしまったのだった。

死の二日後、葬儀が営まれたときのこと。森鷗外が「騎馬で葬列に参加したい」と申し入れたが、葬儀があまりにも貧しいものであったため、妹の邦子は鷗外の申し出を断ったという。

二十四年という短い生涯を疾駆《しっく》した樋口一葉。葬儀におけるこのエピソードにも、彼女(と家族)のある種の潔《いさぎよ》さを感じ取ることができよう。

離婚後自死を選んだ童謡詩人・金子みすゞ

大正末期、彗星のように詩の世界に現れ、彗星のように去っていった童謡詩人・金子みすゞ。

現在、みすゞの詩は小学校の国語の教科書に載るほどになったが、昭和時代は忘れられていたといってよく、彼女の死後五十余年経ったのちに児童文学者・矢崎節夫氏（現・金子みすゞ記念館館長）に再発見されたことがきっかけとなった。

みすゞが童謡を書きはじめたのは二十歳頃のことで、母が後妻として嫁いだ下関の上山文英堂《かみやまぶんえいどう》書店で働いていたときである。

四つの雑誌に投稿した作品がすべて掲載されるという、鮮烈なデビューを飾ったみすゞは、大正期の代表的詩人・西條八十《さいじょうやそ》にも激賞され、「アッと云わせるようなイマジネーションの跳躍がある」と評された。童謡詩人としてのみすゞの将来は明るくなるかと思われた。

ところが、結婚後、みすゞの人生は一変する。

一九二六（大正十五）年二月、店主で義父の上山松蔵の勧めによって、同書店の手代格であった宮本啓喜《みやもとけいき》と結婚すると、みすゞは夫の女遊びに悩まされることになる。しかも、みすゞは夫から淋病《りんびょう》を移されてしまうのだ。

当時の淋病は遊廓《ゆうかく》通いの者がかかりやすい病気であったが、不治の病でもあった。この時点で、みすゞの人生は閉ざされたも同然であった。

二人のあいだには長女・ふさえが生まれていたが、一九三〇（昭和五）年二月末に正式に離婚が成立すると、一粒種のふさえも夫によって取られてしまうことが決まる。これにより、みすゞの思いは決まった。

翌月九日、写真館に行って肖像写真を撮ってもらい、夜に母と娘と桜餅を食べ、三通の遺書をしたためると、翌日、みすゞは書店の二階で自殺した。死因は、カルモチンという睡眠薬を服用したことによるものとされる。享年二十六。

啓喜と結婚していなければ、もっとたくさんの童謡をみすゞは詠んだだろう。だが、矢崎氏によって彼女の童謡が掘り起こされたことによって、彼女の命はもっと息の長いものになったのではないだろうか。

恋の逃避行を終えたあとに柳原白蓮を襲った悲劇とは？

「美貌の情熱歌人」と讃えられ、大正三美人の一人にも数えられる歌人・柳《やなぎ》原白蓮《はらびゃくれん》。本名は燁子《あきこ》といい、伯爵・柳原前光《さきみつ》の次女として生まれたのち、北《きたの》小路隨光《こうじよりみつ》の養女となり、その子・資武《すけたけ》と結婚するも五年後に別れ、二十六歳のとき九州の炭鉱王・伊藤伝右衛門《でんえもん》と再婚した。

このとき、夫の伝右衛門は五十二歳。当時の柳原家は燁子の兄・義光が貴族議員になるための資金が必要だったことから、燁子は炭鉱王に「売られた」のである。つまり、伝右衛門と燁子の婚姻は政略結婚だったのだ。

加えて、夫の奔放な女性関係に悩まされた燁子は、その思いをぶつけるべく歌につづっていたが、一九一九（大正八）年に戯曲『指鬘外道《しまんげどう》』を発表し、本として出版する際に宮崎龍介《みやざきりゅうすけ》と恋に落ちる。そして、二年後、伝右衛門邸

夫の社会運動家・宮崎龍介（左）と柳原白蓮（写真提供：毎日新聞社）

を抜け出した燁子は、龍介の許へ身を寄せたのだった。

なお、龍介は大陸浪人・革命家の宮崎滔天《とうてん》の息子で、燁子との駆け落ちは、燁子が大正天皇の従妹にあたることや、姦通罪《かんつうざい》のあった時代背景などから、「白蓮事件」と名付けられて人びとに記憶されることとなる。

一九二三（大正十二）年十一月、華族の身分を剥奪されたものの、二年後には龍介と燁子は正式に結婚することができた。すでに二人のあいだには香織という男の子がいた。

　さて、これにより平穏な結婚生活が送れる状況となった燁子だが、その後どうなったのだろうか。

　実は、太平洋戦争を契機として、燁子の人生は深い悲しみに包まれるのである。戦争が終結する四日前、学徒出陣により兵隊に取られた息子・香織が、戦火によって鹿児島にて亡くなったのだ。燁子はこのときの胸の裡《うち》を、歌でこのように表している。

「かへらぬをかへるとかりに楽しみて　子が座をおきぬわれと並べて」

　わが子を失い、耐えることができない悲しみを、燁子は歌を詠むことによって少しでも癒《いや》そうとしたのだろう。また、国際平和に対する思いも強くなり、「国際悲母の会」を結成し、「世界連邦建設同盟」の婦人会長に就任して全国を講演して回っている。

　一九六七（昭和四十二）年二月、燁子は八十一歳でその波乱の生涯を閉じた。死の六年前頃からは、緑内障の悪化によって両目が失明した状態であったという。現在、燁子は相模湖が遠くに望める顕鏡寺《けんきょうじ》に眠っている。

ハリスに解雇されたあと、「唐人お吉」はどうなった？

幕末から戊辰戦争を経て、明治後半を迎えるまで、日本は史上まれに見る混乱期を迎えていた。そんな時代の波に人生を翻弄された女性の一人が、「唐《とう》人《じん》お吉」である。

お吉（本名は斎藤きち）は尾張国（現・愛知県）の生まれだが、一家で伊豆の下田に移住後、船大工の父・市兵衛《いちべえ》が亡くなってからは船頭相手の洗濯女、酌婦として働いていた。

お吉の人生が暗転するのは一八五七（安政四）年のことで、下田奉行の命により、アメリカの初代総領事・ハリスの看護婦名目の侍妾《じしょう》となったことによるものである。

十四歳のときに芸子となったお吉の美貌は下田中に知れ渡っており、その評判が奉行の耳に入ったことから、ハリスの許へ送られることになったのである。このとき、お吉は十七歳であった。

だが、腫れ物が原因となってわずか三日で解雇されてしまう。一説によれば一週間ともいわれるが、いずれにせよ短時日でお吉はその職を解かれてしまったのだ。ただ、これだけならまだお吉にとっては影響は少なかったかもしれない。

問題は、解雇の際にお吉に渡された給金であった。

実はお吉には、支度金や解雇手当てなどという名目で五十余両が手渡されたのである。そして、わずか三日や一週間でこんな大金をもらったお吉に対して、周囲が放っておくはずもなく、お吉は「唐人お吉」とか「ラシャメンお吉」などとさげすまれることとなったのだ。

ラシャメンとは、西洋人の妾になった日本女性を卑《いや》しめていうときの言葉で、明治初期を生きる女性が投げかけられる言葉としては、これ以上屈辱的なものはないだろうと想像される。また、そんな大金を手にしたお吉に対するやっかみや嫉妬《しっと》が多分にあったのであろう。

では、解雇後、お吉はどうなったのだろうか。

芸子として下田へ戻ったお吉は、一八六八（明治元）年、かつて将来を誓い合った鶴松《つるまつ》と横浜で同棲し、下田にて髪結《かみゆい》業を開くが、五年ほどで離別。一説には、洋妾の評判冷めやらぬお吉が酒に溺《おぼ》れるようになったことによるものという。

また、一八八二（明治十五）年には船主の後援によって料亭「安直楼《あんちょくろう》」を開店するも、二年後には廃業。お吉の眠る八幡山宝福寺《はちまんやまほうふくじ》によれば、一八八九（明治二十二）年には、お吉は「乞食の群れに入る」と説明されているから、そうとう逼迫《ひっぱく》した生活を送っていたことが想像される。

そして、一八九一（明治二十四）年三月、豪雨が降りしきる中、お吉は川に身を投げてついに波乱の人生の幕を降ろした（享年五十一）。

幕末に生まれていなければ、あるいは、下田にいなければ、お吉の人生は一八〇度変わったものになっていただろう。

持統天皇はなぜ、夫の死後すぐに即位しなかったのか？

持統《じとう》天皇は天智《てんじ》天皇の皇女で、大海人皇子《おおあまのおうじ》（のちの天武《てんむ》天皇）と結婚し、天武天皇の即位とともに皇后となった。

六八六（朱鳥元）年、夫の天武天皇が崩御したが、皇后である彼女は即位せずに政治を行なう道を選び、諸政策を引き継いだ。

それはいったいなぜなのか？

一言でいえば、それは息子の草壁《くさかべ》皇子が即位するまで権力を保っておくためであったといえる。

ところが、ここで不運が彼女を襲う。夫の死後から三年後の六八九（持統三）年、草壁皇子が皇太子のまま二十八歳で亡くなってしまうのだ。

この出来事に彼女は自らの行く末を決めざるをえなかったのだろう、同年には飛鳥浄御原令《あすかきよみはらりょう》を施行し、六九〇（持統四）年には持統天皇として即位し、戸籍（庚寅年籍《こういんのねんじゃく》）を作成して民衆を把握することに努めている。

そして、六九四（持統八）年には天武天皇が造営を進めていた藤原京に遷都した。藤原京は、かつてはそれほど日本史において重要視されてはいなかったが、近年の発掘調査によって、中央の藤原宮を中心に約五・三キロ四方の大きさを持っていたことが判明。そこには有力な王族や豪族が住んでいたこともわかり、中国の都城《とじょうせい》制にならったはじめての都として注目されるようになった。

そういう意味では、持統天皇の功績も、それまでの「繋《つな》ぎの天皇」という認識から改めなければならないといえるだろう。

さて、その後の持統天皇だが、孫の軽皇子《かるのみこ》に天皇位を継がせるべく動き、文武《もんむ》天皇として即位させることに成功したあと、七〇二（大宝二）年に五十八歳で亡くなっている。

ただし、それからまもない七〇七（慶雲四）年、文武天皇もまた若くして没した。せっかく自身の血統を繋ぐためさまざまに動いてきた持統天皇であったが、その思いが長いあいだ受け継がれることはなかったのであった。

木戸孝允の死後、剃髪して翠香院と号した幾松

若狭《わかさ》国小浜《おばま》生まれの芸妓《げいぎ》・幾松《いくまつ》。幼少の頃、父・市兵衛《いちべえ》が妻子を残して出奔してしまったため、八歳のときに京都へ出、十四歳のときに三本木の芸妓となった。彼女はそこで二代目幾松を名乗り、桂小五郎《かつらこごろう》と出会う。桂小五郎とはのちの木戸孝允《きどたかよし》のことで、幾松は芸妓時代に桂に落籍されたものの、そのまま芸妓を続けることにしている。

それは、なぜか？　理由は、芸妓のままのほうが、宴席に訪れるお客から情報を収集できるからである。時代は幕末の動乱期。倒幕派と佐幕派が互い

に睨《にら》みをきかせている時代であり、相手の動向を知ることのできる機会を極力増やしたかったのである。

幾松が桂と出会ったのは一八六二（文久二）年頃といわれる。はじめに幾松を落籍しようとしていたのは山科《やましな》の豪商だったが、桂が幾松に惚《ほ》れ込み、競争のすえ夫婦になることができたのだった。なお、二人を結び付けるのに奔走した一人が同郷の長州藩士・伊藤俊輔《しゅんすけ》（のちの伊藤博文《ひろぶみ》）であった。

禁門の変（一八六四年）ののち、長州藩が朝敵になったときも、乞食に変装して京都に潜伏していた桂に対し、夜陰にまぎれて彼の許を訪れ、握り飯などを届けたという話はよく知られるところである。

また、幾松は自身が新選組に捕えられたときも桂の居場所を絶対に教えることはなかったともいう。このことは逆に新選組に好印象を与え、局長の近《こん》藤勇《どういさみ》は幾松に一目置くようになった。

二人が結婚したのは維新後のことで、桂小五郎が木戸孝允と名を変えたのに対し、幾松はいったん山口藩士・岡部富太郎《おかべとみたろう》の養女となって「松子」と改名した。

だが、木戸孝允は西南戦争の最中の一八七七（明治十）年、京都で病死してしまう。夫の死の翌日、松子は剃髪して「翠香院《すいこういん》」と号し、二人の思い出が詰まった屋敷で余生を送っている。このとき松子が滞在していた屋敷は現在その名も「幾松」という名の料亭となっており、登録有形文化財（建造物）として京都市中京区に残されている。

なお、当時、松子の部屋の天井には不意の客に備えて大きな石が仕掛けられていたという（幾松ホームページより）。維新を迎えたあとであっても、幾松は気を緩めることはなかったということであったのかもしれない。

百歳を目前に秋田で死んだ？歌人・小野小町の不遇な晩年

平安時代の歌人・小野小町《おののこまち》は六歌仙《かせん》、三十六歌仙の一人で、一説によると公卿・小野篁《たかむら》の次男・良真《よしざね》の次女とされる。

だが、なかなか謎の多い女性で、小町の実在を示す史料としては『古今和歌集《こきんわかしゅう》』に収められた一八首の歌しかない。「花の色はうつりにけりないたづらにわが身世にふるながめせしまに」という歌は、中でも有名な、彼女の代名詞ともいえるものとなっている。

いまでも「〇〇小町」という、美人に冠される称号に用いられている小野小町だが、その晩年は不遇だったようで、秋田県の旧雄勝町《おがまち》（現・湯沢市）に伝わる伝説によれば、この地こそ小町の生まれ故郷であり、父・良真が妻（小町の母）となる女性と出会ったのも当地であるという。

向野寺《こうやじ》（湯沢市小野字《あざ》小野）は小町の菩提寺で、寺には彼女自身が自分の若い頃の姿を思い浮かべながら彫ってつくったと伝わる木造が安置されている。そして、小野小町は山中の「岩屋洞」と呼ばれる洞窟でその生涯を閉じたのだった。

岩屋洞にある案内板によると、小町が没したのは九〇〇（昌泰三）年のこ

花の色は
うつりにけりな
いたずらに
わが身せにふる
ながめせしまに

とで、そのとき九十二歳になっていたようだ。彼女は、もうすぐ百歳という年齢まで生きていたのである。

中世以降、小野小町の名前が広まったのは謡曲によるところが大きい。「卒塔婆《そとば》小町」「草子《そうし》洗《あらい》小町」「通《かよい》小町」「鸚鵡《おうむ》小町」「雨乞《あまごい》小町」「関寺《せきでら》小町」「清水《しみず》小町」は七小町と称され、時代が下って江戸時代になると浮世絵や歌舞伎のモチーフとなり、広く人びとに親しまれていくことになる。

「卒塔婆小町」において小町は、醜い顔をさらし、物乞いに身をやつしたと描かれているが、これをはじめ、後年になって語られる小町の「落魄《らくはく》伝説」は、玉造《たまつくり》小町という玉の輿《こし》に乗ることばかりを夢見ていた女性と混同されたためともいわれる。小町の歌の中で男をあしらう女性像と、玉造小町の物語が一緒くたになって、「小町は晩年に落ちぶれた」という話が形成されていったようである。

結婚後の川上貞奴が送った「奇想天外な生活」とは？

日本で最初の女優と称される川上貞奴《かわかみさだやっこ》。十七歳で神田葭《よし》町の芸妓《げいぎ》となった彼女は「奴」という名を襲名し、伊藤博文をパトロンにするほどの人気を博していた。彼女が結婚したのは二十四歳のときで、相手は壮士《そうし》芝居で一世を風靡《ふうび》し、「オッペケペー節」を流行させた川上音二郎《おとじろう》だった。

だが、この音二郎との結婚は、貞奴にとっては不運以外の何物でもなかったかもしれない。

夫の音二郎とともに「マダム貞奴」として人気を博した川上貞奴（国立国会図書館蔵）

結婚後、貞奴は「普通の妻になりたい」ということで、芸者をやめた。というのも、彼女は芸者になりたくてなったわけではなく、実家が倒産したため、やむなく芸者の置屋の養女になったのだった。

ところが、ここからがいけない。結婚後、さらなる人気に勘違いしたのか、夫の音二郎が衆院選に出馬し、落選するのだ。

これを恥じた二人は日本にいられないと、ボートで南極をめざして出航するが、なぜかたどり着いたのは神戸で、そこで知り合った国際興行主に誘われて今度はアメリカでの成功を夢見るようになった。

するとアメリカでは女優がいないと興行が成り立たないことがわかったため、貞奴は女優として復帰したのだった。このことによって彼女こそ日本初の女優といわれるようになるのだが、まさにジェットコースターのような人生である。

以降、踊りに芝居に精を出した貞奴は、イギリス俳優の伝手《つて》でイギリスやフランスで公演の旅を続け、いったん帰国して凱旋《がいせん》公演を打つものの失敗し、再び海外に活路を見出した。

一九一一（明治四十四）年に夫の音二郎が亡くなってからは、昔の恋人である福沢桃介《ふくざわももすけ》（旧姓は岩崎。福沢諭吉の娘婿）と同棲し、川上児童劇団を立ち上げて巡業するなどしたが、戦後まもない一九四六（昭和二十一）年十二月、肝臓がんにより七十六歳でこの世を去った。

日本ではじめての女優と呼ばれた貞奴は、実生活もまるで演劇の主人公のようであった。

「人体実験」で失明した華岡青洲の妻・加恵

江戸後期の医師・華岡青洲《はなおかせいしゅう》は麻酔薬を用いて世界ではじめて乳がんの摘出手術を成功させた人物として知られるが、妻・加恵《かえ》がいなかったら、その業績はなかっただろう。

名手《なて》市場村（現・和歌山県紀の川市）の郷士の娘として生まれた加恵と青洲がいつ結婚したのかは定かでないが、青洲の二つ下で、仲睦《なかむつ》まじかったに違いない。「苦痛を感じずに外科手術を施す方法はないか」と逡巡《しゅんじゅん》する夫が麻酔薬の研究に没頭する姿に心を痛め、自分の体を差し出したのがほかならぬ妻の加恵だったのだ。つまり、青洲は妻を「人体実験」として用いることで麻酔薬の効果を知ろうとしたのである。青洲の母・於継《おつぎ》も実験台になると申し出てくれたが断り、まずは加恵の体で試すことにした。

そして苦労のすえにできたのが「通仙散《つうせんさん》」という麻酔薬で、その評判を聞きつけた大和国五條《ごじょう》（現・奈良県五條市）の藍屋利兵衛《あいやりへえ》の母・勘《かん》の「たとえ私は死んでもかまわないから手術をしてほしい」という願いを聞き入れ、乳がんを摘出することに成功したのだった。このときの青洲の手術方法は、自ら考案したメスやハサミを用いて乳房からがんの箇所のみを摘出するというものであった。

では、実験台となった妻・加恵はその後どうなったのかというと、残念ながら失明してしまったという。長年にわたる試薬の投与は、確実に妻の体をむしばんでいたのだ。

加恵は一八二九（文政十二）年、六十八歳で亡くなる。目が見えなくなってから二十年余のことだった。だが、青洲はそんな妻を思いやり、話し相手になるのはもちろん、阿波の人形芝居を招いて妻を楽しませるなどしたという。

なお、世界ではじめて乳がんの摘出手術を受けた勘は、無念にも四か月後の一八〇五（文化二）年二月に亡くなっている。彼女に関しては、実はその病状とともに描かれた肖像画があるのだが、青洲の許へやってきたときにはがんはすでに乳房全体に広がっていた。すでに施す術がなかったことが想像される。

とはいえ、青洲が通仙散を開発した背景には、妻・加恵、母・於継、患者・勘という三人の女性の尽力が欠かせなかったことだけは確かである。

ちなみに、どのようにして全身麻酔が効くのかということは現在でも一〇〇パーセント解明されていないという。「どの薬をどれだけ配合するとそうなる」という経験則をもとに、麻酔の効き目の強さが判断されているようである。

ソ連のスパイ・ゾルゲを愛した正妻と「日本人妻」のその後

一九四一（昭和十六）年十月、太平洋戦争がまさに勃発しようとしている直前に起こった大事件が「ゾルゲ事件」である。

これは、ドイツの新聞記者を装ったソ連国籍のリヒャルト・ゾルゲが日本人の尾崎秀実《おざきほつみ》らとともに逮捕された事件で、ゾルゲが収集・分析した機密情報がソ連共産党最高指導部に漏れ、戦況に影響をおよぼしたとするものだ。

ゾルゲがソ連に情報をもたらした期間は八年にもおよぶとされ、日独防共協定やノモンハン事件、御前《ごぜん》会議などの情報が漏れていたとされる。日本の最高機密がまさに筒抜けだったわけだ。

当然、この戦中のことだから彼らは厳罰に処せられ、一九四四（昭和十九）年十一月七日、ゾルゲと尾崎は巣鴨《すがも》の東京拘置所にて絞首刑となっている。この日は奇《く》しくも、ロシア革命記念日であった。

さて、このゾルゲにはモスクワ在住の妻がいたが、実は日本にも妻と呼べるほど親密な関係にあった女性がいた。この二人の女性はゾルゲの死後、どうなったのだろうか。

モスクワにいた妻のエカテリーナ・マクシモブナは、実は彼がスパイ活動をしていたことを知らなかったようだが、ゾルゲが逮捕された翌年にソビエト当局によって逮捕され、五年の流刑判決を受けた。そして、一九四三（昭和十八）年七月、三十八歳で病死している。

ゾルゲから妻へ送られた最後の手紙は一九三八（昭和十三）年のことだったというから、彼女は夫の真の姿を知らずにあの世へ旅立ったのであろう。

一方、日本人の女性は石井花子《いしいはなこ》といい、花子が銀座のドイツ料理店に勤めていたときに知り合った。互いに惹かれ合った二人は長い時間を一緒にすごすようになり、ゾルゲがバイク事故で重症を負ったときに付きっきりで看病したのが花子であった。

処刑後、東京の雑司ヶ谷《ぞうしがや》の共同墓地に埋められていたゾルゲの遺体を探りあてたのも彼女で、彼女はその遺体を荼毘《だび》に付し、多磨《たま》霊園に改葬した。その後、彼女はゾルゲの面影とともに生き、生涯独身をつらぬいて、二〇〇〇（平成十二）年、八十九歳で亡くなった。

ゾルゲの墓石には、ロシア語で刻まれたゾルゲの名前に下に「妻　石井花子」と記されている。

武家の娘として気高く生きた、近藤勇の妻・ツネ

新選組局長・近藤勇《こんどういさみ》の最期は幕末という時代の儚《はかな》さを具現するかのように思われ、人びとのよく知るところとなっているが、では近藤の妻はどんな女性で、彼の死後はどうなったのだろうか。

近藤の妻はツネといい、武家の出身だった。二人が結婚したのは一八六〇(万延元)年のことだが、近藤がツネを妻に選んだ理由として、彼は「道場には若い男たちが多く出入りするので、美人で色気のある女は向かない」と述べている。

この言葉に近藤の照れがどこまで含まれているのかは定かではないが、ツ

ネの実家の松井家は一橋家に仕える家柄であり、武家の娘としての気丈さに惚れ込んだと考えられなくもない。結婚した二年後には長女・タマが生まれている。

　さて、一八六八（慶応四）年四月二十五日、近藤は板橋で斬首に処せられしまったが、その後ツネはどのように生きたのだろうか。

　夫を失い、未亡人となったツネは近藤の実家の宮川家に身を寄せた。そして、近藤家を絶やさないようタマに宮川勇五郎《ゆうごろう》（近藤の兄の子）を養子として迎えた（その後、勇五郎は近藤姓を継いでいる）。

幕末維新史研究家の菊地明氏によると、ツネが再婚を勧められたとき、彼女は「私に二夫に仕えよというのか」と号泣し、懐剣で自殺を図ったと伝わる。この言葉は、彼女が武家の娘として持ち合わせていた誇りから出たもの以外の何物でもない。ツネを選んだ近藤は、草葉の陰から喜んでいたであろう。

ツネは一八九二（明治二十五）年、五十五歳でこの世を去っているが、実はタマは母の死より六年も前に没していた。二人の家族を見送った彼女の胸の裡《うち》はどのようなものだったのだろうか。

生存説も根強かった「東洋のマタハリ」川島芳子

戦争は悲劇しか起こさない。これはあたりまえのことだが、太平洋戦争前の満洲国建国に関係する人物は、複雑な政治上の思惑が絡まり合って、なおさら悲劇の度合いが増す。「東洋のマタハリ」「東洋のジャンヌ・ダルク」「男装の麗人《れいじん》」と称された川島芳子《かわしまよしこ》もその一人である。

川島芳子は清《しん》の皇族・粛親王善耆《しゅくしんのうぜんき》の第一四王女で、本名を愛新覚羅顕玗《あいしんかくらけんし》、中国名を金壁輝《きんへきき》という。兄・金壁東《きんへきとう》は満洲映画協会（満映）の初代理事長という立場にあった。

一九一三（大正二）年、六歳のとき、粛親王の顧問だった川島浪速《なにわ》の養女となり、日本名を芳子とした。

二年後に来日した芳子は、父と養父から受けた満蒙独立運動の影響によってその道を歩みはじめ、一九三一（昭和六）年頃には上海《シャンハイ》で諜報《ちょうほう》活動をしていた田中隆吉《りゅうきち》と知り合い、「ラストエンペラー」として知られる溥儀《ふぎ》の皇后・婉容《えんよう》を天津から脱出させることに成功している。

その後も芳子は一九三三（昭和八）年二月の熱河《ねっか》作戦（関東軍による熱河省への攻撃）時には自警団の総司令となるなど、軍装を身にまとって任務を遂行したが、日本側から徐々にその利用価値を軽視され、戦線からは離脱していったのだった。

では、芳子はその後どうなったのか？

歴史上に芳子がその姿を現すのは第二次世界大戦が終結してまもない一九四五（昭和二十）年十一月のこと。北京に滞在していた芳子は、逮捕されたのだ。罪状は「漢奸罪《かんかん》」。つまり、漢民族の裏切り者としての罪である（当時の新聞報道では「反逆通敵罪」）。

この罪から逃れるためには芳子が日本人であることの証明書が必要であったが、それも叶わず、一九四八（昭和二十三）年三月、北平第一監獄にて銃殺刑に処せられた（享年四十二）。

ただし、彼女の死には続きがあって、銃殺刑の二か月後、実は日本と中国のあいだを生存説が駆けめぐっている。

当時の新聞記事によると、銃殺になったのは別の女性（劉鳳貞という人物の妹）で、身代わりとして金の延べ棒一〇本をもらう約束だったが四本しかもらえなかった、というものであった。

日本と満洲を繋いだ芳子に対する同情がここには垣間見られるが、歴史的には芳子の遺骨は日本にいる養父・川島浪速の許へ届けられ、現在では長野県松本市正麟寺《しょうりんじ》にある川島家の墓に葬られている。

なお、直近の話でいうと、二〇一四（平成二十六）年五月、芳子の実妹・愛新覚羅顯琦《けんき》さんが亡くなっている。彼女こそ、中国で生存していた「清朝最後の王女」であった。

第7章

国を騒がせたモノ・場所の「その後」

なぜアメリカの図書館に？二十一世紀に発見された「伊能図」

江戸後期の測量家・地理学者の伊能忠敬《いのうただたか》が後世にまで伝わる経歴を開始させたのは一七九五（寛政七）年のこと。忠敬が五十一歳のときの話だ。

もともと算術が好きだった彼は天文暦学に興味を持っており、四十歳をすぎると家業を長男の景敬《かげたか》に任せ、隠居してその世界に足を踏み入れたいと考えていた。それが叶ったのが、五十歳を迎えた一七九四（寛政六）年のことだったのだ。

天文暦学を学ぶため、下総《しもうさ》国の佐原《さわら》から江戸の深川黒江町（現・東京都江東区門前仲町）へ引っ越した忠敬は、幕府の天文方を務める高橋至時《たかはしよしとき》に弟子入りし、蔵前片町の司天台（天文台）で天文観測の方法を学びはじめる。

やがて、蝦夷《えぞ》地《ち》（現・北海道）にロシアが触手を伸ばしはじめたことから、蝦夷地の詳細な地図が必要になった幕府に至時が同地の測量を申し出、許可が下りたことから、一八〇〇（寛政十二）年、忠敬は助手を伴い測量の旅に出る。以降、一八一八（文政元）年に七十四歳で亡くなるまで、忠敬は八度にわたる測量旅行に出掛けることになる。忠敬がその生涯で歩いた距離は、約八八〇〇〇里（約三万五二〇〇〇キロ）にもなった。地球一周（約四万キロ）に匹敵する距離を、忠敬は歩いたのだった。

だが、忠敬の測量をもとにつくられた「大日本沿海輿地全図《だいにほんえんかいよちぜんず》」が完成したのは、忠敬の死から三年後の一八二一（文政四）年のこと。忠敬の師である高橋至時の子の景保《かげやす》が指揮をとり、完成にこぎ着けたのだった。

忠敬が不運だったのは、地図の完成を見ずにこの世を去ったことはもちろんだが、幕末の開国へ向けた歴史の流れの中で、幕府がこの地図を外部へ出すことを拒んだことだろう。そのため、地図は長い間封印され、明治政府が誕生するまで陽の目を見なかったのである。

また、地図の正本は一八七三（明治六）年の皇居の火災によって焼失し、伊能家が政府に貸与した副本も一九二三（大正十二）年の関東大震災によって焼失してしまった。

「大日本沿海輿地全図」は地図の大きさによって「大図」「中図」「小図」にわかれ、「大図」の写本は二一四枚のうち約六〇枚しか確認されていなかったが、二〇〇一（平成十三）年になって、アメリカのワシントンにある議会図書館にて「大図」の二〇六枚の写本が発見された。

なぜアメリカの図書館に忠敬の写本が所蔵されていたのかは定かではないが、地図の完成から一八〇年の時を経て、地図は再びその全貌をほぼ明らかにしたといえる。

忠敬もあの世からきっと喜んでいるに違いない。

まるで生きているかのようだった フランシスコ・ザビエルの遺体

日本にはじめてキリスト教を伝えたイエズス会の宣教師フランシスコ・ザビエル。

彼が鹿児島へ到着したのは一五四九（天文十八）年八月で、マラッカで知り合った日本人アンジローに導かれてのことだった。

鹿児島に一年あまり滞在ののち、平戸、山口、京都、そして再び山口、豊後《ぶんご》（現・大分県）で布教の旅を続けたザビエルは、多くの改宗者をえたことで日本における宣教の可能性を信じ、二年後の一五五一（天文二十）年十一月、豊後からインドのゴアへ向けて旅立った。

さて、その後ザビエルはどうなったのだろうか。実は、以降の彼に関しては、不思議な話が残されている。

翌年一月にインドのコチン（コーチ）に到着したザビエルは、日本が中国から多大な影響を受けていることに鑑《かんが》み、中国への布教を決意、広東に近い上川島へ上陸する。だが、同年十二月三日、ザビエルは静かにこの世を去った。

死因は肺炎ともいわれるが、同行中のフェレイラとアントニオが重い病にかかり、その看病に追われたうえ、自分の分の食糧も病人に分け与えていたというから、栄養も十分ではなかったのだろう。ザビエルの中国布教の夢が叶うことはなかったのである。

だが、ここからザビエルの「奇跡」がはじまる。

上川島で死んだザビエルの遺体は石灰とともに棺《ひつぎ》に納められ、ひとまず海岸へ埋められたのだが、二か月後、遺体を他所《よそ》へ運ぶべく棺を掘り返したところ、その姿は生前と何ら変わることはなく、まるで生きているようであったという。

さらに、マラッカの聖堂に遺体が運ばれ、再びザビエルの遺体を司祭たちが拝したときも、なお生けるがごとくであった。

死後四か月以上経っているにもかかわらず、ザビエルの遺体は腐ることがなかったのだ。

この遺体の奇跡は、ザビエルを派遣したポルトガルの根拠地であるゴアにまで喧伝《けんでん》されたことから、遺体は同地へと運ばれ、現在ではそこのボン・ジェズ教会内の銀棺に納められている。

なお、一六一四（慶長十九）年、ローマ法王庁より「遺体の右腕を切断して送るように」という要請がなされている。

これは、先述の奇跡を同庁が確認するためで、確認後、右腕は腕型の箱に納められて保存されたと伝わる。

その右腕は、ザビエルの来日から四百年後の一九四九（昭和二十四）年五月、「ザビエル四百年祭」の際に日本へ将来されている。

日本初の太平洋横断を成し遂げた咸臨丸はその後どうなった？

幕末の日本において表舞台に何度も登場し、比較的その名前が知られている船といえば、「咸臨丸《かんりんまる》」であろう。

咸臨丸は幕府がオランダに発注し建造された軍艦で、日本に到着したのは一八五七（安政四）年八月のこと。製造時、オランダ語では「ヤパン号」と呼ばれていたとされ、長さ約五〇メートル、幅約八・五メートルを誇った。

長崎に到着し、海軍伝習所の訓練艦として使用されていた咸臨丸だったが、一八六〇（万延元）年、幕府官僚・新見正興《しんみまさおき》らの遣米使節の護衛艦として随行。咸臨丸は、日本初となる太平洋横断を成し遂げることとなった。

だが、「日本初」という栄誉についてはウラの話があって、実際の操縦は日本人の手によるものではなく、アメリカ人のブルック士官をはじめ、その部

アメリカへの航海の途中、波濤にもまれる咸臨丸（写真提供：毎日新聞社）

下の水兵らの尽力によるところが大きいとされる。

確かに、二百数十年にわたって鎖国体制を維持してきた日本では、航海術に長《た》けた人材を確保するのが難しかったのだろう。また、艦長の勝海舟《かつかいしゅう》は船酔いに悩まされ、自室に籠《こも》ることが少なくなかったとも伝わるほどである。

さて、咸臨丸はその後どのようにあつかわれることになったのだろうか?

アメリカから帰国後、再び訓練艦として使用されていた咸臨丸は、太平洋の航海などによる損傷で大規模な修理が必要となり、一八六七(慶応三)年には機関が撤去されて運送船として使用されることになった。

咸臨丸が再度歴史の表舞台に登場するのはその翌年のことである。ときは幕末、一五代将軍・徳川慶喜《とくがわよしのぶ》は大政奉還を行ない、幕府と朝廷、薩長の勢力が互いを見据えて混沌としていた。

そんな中、幕府海軍の副総裁・榎本武揚《えのもとたけあき》は幕府の存続を意図して品川沖から七隻の艦隊を率いて北海道へ渡航する。咸臨丸もその中に含まれていたのだった。

だが、咸臨丸はマストが数本折れた状態で、戦闘能力はほとんど期待できず、這々《ほうほう》の体《てい》で清水港(静岡県)に入港、白旗を掲げて降順の意を示した。ところが、それを無視した敵の官兵たちは次々と咸臨丸に乗り込み、乗組員全員を殺害、死体を海へと投げ込んだのであった。

なお、このとき、義俠心から乗組員の死体を回収・埋葬したのが、「街道一の大親分」と称された清水次郎長《しみずのじろちょう》である。

その後、明治新政府の管理下に入った咸臨丸は、一八六九（明治二）年に北海道開拓使に交付されて物産輸送に用いられていたが、二年後、函館から小樽へ航行している最中に座礁し、海の藻屑《もくず》と消えたという。歴史に翻弄された船の代表が、咸臨丸といえるだろう。

シーボルトが国外へ持ち出した品々はその後どこへ行った？

一八二八（文政十一）年、ドイツ人医師・シーボルトが地図などの禁制品を国外へ持ち出そうとしたことが発覚し、関係者が処罰されるという事件が起こる。いわゆる「シーボルト事件」である。

シーボルト事件はこれまで、嵐によってオランダ船が座礁した際、その積荷から偶然地図が見つかり、事件の発覚にいたったとされてきたが、近年の研究によってそうではなかったことが明らかとなっている。

シーボルト事件の発覚は、彼自身が間宮林蔵《まみやりんぞう》に出した手紙にあったとするのがその説だ。

オランダからの命によって六年ものあいだ日本に滞在し、滞在中に女の子をもうけていたシーボルトは、当時鎖国体制を布《し》いていた日本を世界に広く紹介したいと考えていた。

そこで、蝦夷地（現・北海道）の情報を手に入れようと、探検家・間宮林蔵に「蝦夷地で採集した押し花を送ってくれれば、私が帰国した際には西洋の地図をお送りします」との手紙を送る。

この内容により、シーボルトと幕府天文方・高橋景保《かげやす》との関係が幕府の知るところとなり、のちに高橋がシーボルトに日本地図を渡していたことが明らかとなったのだった。なお、シーボルトから手紙を受け取った林蔵は、封を切らず、そのまま幕府へ差し出している。それほど、当時は許可なしに外国人と接することは禁じられていたのだ。

シーボルトが愛妻・タキと娘・イネを残し、後ろ髪を引かれる思いで日本を離れたのは一八二九（文政十二）年十二月のことであった。

さて、シーボルトが国外へ持ち出そうとした品々だが、その後どうなったのだろうか？

日本地図に関しては、当時の情勢から厳しく管理したが、実はそれ以外の品々に関してはオランダへ持ち帰ることを許していたのだ。

とくに多かったのは植物の標本だったようで、彼の帰国後、それらはオランダ政府によってすべて買い上げられた。ただし、標本は整理しなければ意味がないため、それらはそのままシーボルトの自宅に置かれ、彼が整理にあたったという。

一八三九年、ライデン市に博物館が設立されると、標本をはじめとする品々はそこへ収められ、のちに国立植物学博物館ライデン大学分館に収められていたが、二〇〇〇（平成十二）年、日蘭修好四百年を記念し、同博物館より東京大学総合研究博物館に五〇点余の植物標本が寄贈されている。
日本とオランダの良好な関係は、シーボルト事件によっても崩れることはなかったようだ。

織田信長の死後、安土城はいったいどうなった？

一五七六（天正四）年から織田信長により三年の歳月をかけて築かれた安土城（滋賀県近江八幡市《おうみはちまんし》）。本格的な天守の建造はこの安土城が最初とされ、内外を豪華絢爛《ごうかけんらん》な装飾で彩られたことから、天下の名城の名を頂いている城だ。

安土城がこれほど有名なのは、その儚《はかな》さにもよっている。というのも、安土城は本能寺の変ののち謎の出火によって焼失し、現在は石垣しか残っていないのだ。それが、後世の人びとの想像を掻《か》き立てているのかもしれない。

だが、安土城は焼失後ただちに廃城となったわけではなく、その後も織田家の居城としての役目を果たしていたのである。

実は、火災によって焼けたのはおもに本丸であって、二の丸は焼けずに残った。そのため、二の丸を中心に城の機能を有していたというわけである。一般的に、「安土城は焼失して廃城となった」と捉えられているが、そうではなかったのである。

織田家の重臣らが集い、本能寺の変後の事態収拾のために開かれた清洲《きよす》会議（一五八二年六月）によって、織田家の家督が信長の嫡孫・三法師《さんぼうし》（のちの織田秀信《ひでのぶ》）に受け継がれると、三法師が入城したのが安土城であった。

さらに、翌年正月、三法師の後見役・織田信雄《のぶかつ》（信長の次男）は城下町に制札《せいさつ》を下して振興策を打ち出したり、安土城の普請《ふしん》も行なわれていた。つまり、織田家は安土城を拠点として再び再起することを願っていたのではなかろうか。

だが、一五八四（天正十二）年、羽柴秀吉と、徳川家康・織田信雄連合軍が尾張国の小牧《こまき》・長久手《ながくて》を中心として戦闘を繰り広げると、織田家の情勢は逼迫《ひっぱく》。安土城は居城としての機能を失っていく。

そして翌年閏《うるう》八月、秀吉が関白に就任し天下人となると、秀吉の甥・羽柴秀次《ひでつぐ》が八幡山に城を築き、安土城の城下町は移されることとなった。またこのとき、城内の建築物の一部も移築されたらしい。これにより、安土城の城としての機能は息の根を止められたのであった。

平成に入ってから安土城は二十年計画で発掘作業や整備事業が続けられてきたが、いまだにその全貌は明らかにされていない。

豊臣秀吉が息子・秀頼のために残した莫大な軍資金のその後

死期が迫ってきた太閤・豊臣秀吉は、一五九八（慶長三）年八月、五大老宛に遺言を残し、息子・秀頼の将来を託す。天下を統一した秀吉の、この世

の最後の願いであった。
五大老とは、豊臣政権末期に置かれた職制で、徳川家康、前田利家《まえだとしいえ》（利家死後は利長《としなが》）、宇喜多秀家《うきたひでいえ》、上杉景勝《うえすぎかげかつ》、毛利輝元《もうりてるもと》の五人をさす。この五人が秀頼を支え、豊臣政権を存続させていく方針であったが、一五九九（慶長四）年閏《うるう》三月に前田利家が病没したことで五人のあいだのパワーバランスが崩れ、やがて家康の独裁的な体制となっていく。
関ヶ原の戦いから大坂夏の陣まで続く家康の権力増長は、利家の死が契機となって一気に進んでいったといえよう。
秀吉は五大老への遺言とともに、大坂城内に莫大な軍資金をも遺していたといわれる。通称「太閤遺金」といわれるものがそれだ。

その軍資金の総額がどれほどであったのかは定かでないが、秀吉が関白になる前の一五八五（天正十三）年四月の時点で、大坂城内には七〇〇〇枚（七万両）もの金子《きんす》が保管されていたといわれる。

さらに、四年後の一五八九（天正十七）年五月に聚楽第《じゅらくてい》にて行なわれた、いわゆる「太閤の金賦《かねくば》り」では、六〇〇〇枚（六万両）の金子と二万五〇〇〇枚（二五万両）の銀子が大名や一族に分配されたと伝わる。

そのほかにも秀吉は一族の要職就任に際して莫大な金子を与えていたことから考えると、その総額は莫大なものとしかいいようがない。

では、秀吉の死後、それらの軍資金はいったいどこへ行ったのだろうか。

軍資金の大部分は、豊臣家の財産を目減りさせることを望む家康の思惑によって、八五件にもおよぶ寺社の造営・修理に使われたとされる。家康は政治力を発揮し、秀頼と淀殿《よどどの》にそれらの負担を強いたのである。

ただ、これらによっても豊臣家の軍資金は減らなかったようで、駿府《すんぷ》隠居中の家康の政治情勢を記した日記である『駿府記』によると、大坂城の落城後に焼け跡から二万八〇六〇枚（二八万六〇〇〇両）の金子と二万四〇〇〇枚（二四万両）の銀子が発見されたという。軍資金はまだまだ隠されていたのだ。結局、この軍資金の残りは徳川家によって没収された。名実ともに、豊臣家はお取り潰しになったのだった。

徳川吉宗に献上された象の悲しい末路とは？

いまでは動物園に行けば簡単に見ることができる象だが、かつては大変珍しい動物であった。日本に象がはじめてやってきたのは室町時代のことで、一四〇八（応永十五）年のこと。南蛮《なんばん》の「亜列進卿《あらじんきょう》」という王からときの将軍・足利義持《よしもち》に象が贈られることになり、若狭《わかさ》へ到着したのが最初だ。

以降、大友宗麟《おおともそうりん》、豊臣秀吉、徳川家康にも象が贈られている。

そして五回目となる象の進呈を受けたのが、江戸幕府八代将軍・徳川吉宗《よしむね》であった。一七二八（享保十三）年六月のことで、清の商人が仲介し、オスとメスの若いインド象が広南《こうなん》（現・ベトナム）から長崎へと上陸した。

象使いと通訳（各二名）に引かれた二匹の象は長崎の唐人屋敷へ逗留していたが、長旅が体にこたえたのか、メスの象は舌に腫れ物ができてしまい、三か月後の九月に亡くなってしまう。

一方、残されたオスは翌年三月十三日にようやく長崎を出発し、一路江戸へ。もちろん電動車両がない時代だから、徒歩による移動である。

四月十六日に大坂、同月二十六日に京都、そして五月二十五日に江戸へ到着したと『江戸名所図会《ずえ》』にはある。

なお、京都では従四位《じゅしい》という位を与えられて、「広南従四位白象」という名前を頂戴したうえで、中御門《なかみかど》天皇、霊元《れいげん》上皇の観覧に供された。いまでは考えられないほど、象は希少価値の高い生き物として見なされていたのである。

江戸へ着いた象と従者たちは、浜御殿へ入り、五月二十七日になってようやく将軍にお目見えすることとなったのだった。

さて、その後、オスの「広南従四位白象」はどのような生涯を送ったのだろうか。

史料から見えてくるのは、このオスの象の不遇な生きざまである。「象フィーバー」ともいえるほど盛り上がりを見せた象の観覧だったが、吉宗は一度目にしたことで気が晴れたらしく、その後象にはとくに関心を寄せなくなった。

「享保十四年渡来象之図」に描かれたオスの象（国立国会図書館蔵）

そのため、一七三〇（享保十五）年には民間に払い下げられることとなったが、引取先が見つからなかったため、そのまま浜御殿で飼われることとなった。

大量のエサ代がかかることから、象の糞を黒焼きにして「象洞」という疱《ほう》瘡《そう》の薬にし、売り出したこともあったが、売れ行きは芳しくなかった。

さらに、折しも享保の改革により倹約に努めていた吉宗だったから、象にいつまでも莫大なエサ代を投入するわけにもいかない。一七四一（寛保元）年、象は多摩郡中野村（現・東京都中野区）の源助という百姓に預けられ、「象洞」の製造・販売とともに、面倒を見てもらうようになったのだった。

だが、オスの象は元来、性格が穏やかではなかったらしく、源助方でも暴れるようになり、同年十二月に死んでしまった。直接の死因は餓死だったというが、十三年間にわたる日本での生活に疲弊してしまったのではなかろうか。

なお、このオスの象の頭蓋骨や牙などはその後、中野村の宝仙寺に「馴象《じゅんぞう》之《の》枯骨《ここつ》」という名称で伝えられることになったという。

ルイス・フロイスが書いた『日本史』がその後大変なことに！

ポルトガル人のイエズス会宣教師ルイス・フロイスが日本へ到着したのは一五六三（永禄六）年のこと。フランシスコ・ザビエルが来日したときから十四年がすぎていた。

だが、フロイスが来日したのは織田信長が権力を握った時代だった。奇抜で新しいものを好む信長は、このポルトガル人と当初は交わらなかったが、その後すぐに打ち解け、フロイスが日本で布教活動を進めることを許した。

信長はこの頃、比叡山《ひえいざん》を焼き討ちしたり、本願寺と対立するなど、仏教勢力との抗争を繰り返していた。

そのため、キリスト教という新たな宗教を仏教に対立するものとして位置づけたいという思惑もあったのであろう。

そして、文書記録の役目を担っていたフロイスは、信長と行動をともにしながら、当時の日本の政治や経済のみならず、文化、宗教、社会、生活風俗など、あらゆることがらを具体的に描いて『日本史』にまとめたのである。フロイスの著書は『日本史』のほかにも『日欧文化比較』や『イエズス会日本通信』など多数あるが、やはり彼の代表作といえば『日本史』であろう。

さて、そんなフロイスも、信長の次の豊臣秀吉政権下では次第に迫害されるようになり、一五八七（天正十五）年六月の「バテレン追放令」によって平戸へ移動させられ、西九州に留まり、一五九七（慶長二）年、長崎で没した。

だが、長崎に定住しているときでもフロイスが書き進めていた遺作ともいえる『日本史』は、実はその後、イエズス会の本部に届くことはなかった。

フロイスと同じイエズス会の巡察師・バリニャーノが『日本史』を検閲したのだが、「冗漫《じょうまん》すぎる」との評価を下したのである。つまり、表現が長ったらしくて、まとまりがない、と判断したのだ。

日本の政治や文化を細々と紹介するのがフロイスの意図だっただろうから、冗漫になるのは仕方なかったといえるが、バリニャーノはそれを許してはくれなかった。

その後、『日本史』の原稿はマカオにあるイエズス会の学院の倉庫に眠っていたが、その際に倉庫が火事に遭ってしまい、原稿も失われてしまったのだった。

だが、『日本史』には写しが存在していたため、現在にまで伝わることになっている。写しがなかったら、中世の日本についての研究はそれほど進まなかったに違いない。

外国要人接待の社交場・鹿鳴館はその後どうなった？

江戸幕府が欧米諸国と結んだ不平等条約の改正をめざし、交渉を円滑・有利に進めるため、政府要人や外国公使たちの社交場として築かれたのが鹿鳴《ろくめい》館《かん》である。

鹿鳴館は外務卿（のちの外務大臣）・井上馨《いのうえかおる》の発案、イギリス人建築家ジョサイア・コンドルの設計によって一八八一（明治十四）年に着工され、一八八三（明治十六）年四月に完成した。

コンドルが「お雇い外国人」として来日したのは一八七七（明治十）年のことだが、このとき彼は弱冠二十五歳の若者だった。

だが、のちに「日本近代建築の父」と称されるように、辰野金吾《たつのきんご》、片山東《かたやまとう》熊《くま》、曽根達蔵《そねたつぞう》といった近代建築家を育て、自らはニコライ堂、上野博物館、東大法学部講堂などの設計を手掛けている。現代に繋がる日本の近代建築の礎《いしずえ》を築き、発展させたのがコンドルだったといえよう。

鹿鳴館の建設費用は約一四万円で、迎賓館《げいひんかん》としての役割もあったことから客室や食堂はもちろん、娯楽のための舞踏室やビリヤード場も備えられていた。

館の名称の「鹿鳴」とは、中国最古の詩集『詩経』中の詩（「賓客《ひんきゃく》を迎えて鹿が鳴く」）から取られたもので、まさに接待する場として築かれたことがわかる。一八八三年十一月二十八日、井上馨の誕生日に落成の会が開かれ、およそ一二〇〇名の来賓客が開館に華を添えた。

では、鹿鳴館はその後どうなったのだろうか。

鹿鳴館では舞踏会のほか、女性たちが主催して慈善バザーが開かれるなどしたが、極端な欧化政策に対する不満が高まり、また夜会は風紀を乱すといった批判も巻き起こり、開館から七年後の一八九〇（明治二十三）年には早くも閉鎖されている。これは井上の失脚に併せたもので、そういう意味では鹿鳴館は井上とともにあった建物といえるだろう。

また、日本側は交渉を有利に進めるために欧化政策の一環として鹿鳴館を築いたわけだが、欧米人からの評判はそれほど高くなかったらしい。

閉館から四年後には華族会館に払い下げられ、一九二七（昭和二）年には生命保険会社に売却されて、一九四〇（昭和十五）年に解体された。

なお、鹿鳴館が建っていた場所は東京都千代田区内幸町で、日比谷公園の向かいにあるNBF日比谷ビル（旧・大和生命ビル）の帝国ホテル側の塀に「鹿鳴館跡」というプレートがはめこまれている。

鹿鳴館時代の名残を垣間見ることができるのは、現在のところこのプレートのみである。

明治維新後、出島はいったいどうなった？

いわゆる鎖国の時代、日本で唯一海外に開かれた窓として存在していたのが「出島《でじま》」である。

出島の築造は一六三六（寛永十三）年のことで、出島の和蘭《オランダ》商館が廃止され領事館となったのが一八五九（安政六）年のことだから、貿易の場としての出島の役割は二百二十年余にわたって続いたことになる。

では、その後、出島はどうなったのだろうか？　和蘭商館の廃止から時計を少しだけ巻き戻して述べてみよう。

一八五六（安政三）年、長崎にて日蘭和親条約が締結されたことによって、日本はオランダと正式に国交を結び、オランダ人の出島からの自由な出入りが認められる。

二年後、日蘭修好通商条約が結ばれ、オランダは出島以外の港を貿易港として使用することが許されるようになった。

そして、この流れのなかで先述のように和蘭商館が廃止され、出島はその本来の独自の立場を失うことになったのである。

一八六六（慶応二）年、外国人居留地に編入された出島は、長崎が近代的な貿易都市へと変貌を遂げるのに伴って、西側の水門付近や南側が拡張されるなど、扇形の地形が変わっていった。

ちなみに、出島の地形がなぜ扇の形なのかというと、ときの将軍・徳川家光が出島の築造の報告を受けたときに自分の扇を懐から出して「これを見本

国指定史跡の「出島和蘭商館跡」の町並み（写真提供：長崎県観光連盟）

にせよ」といったという説や、波の影響を極力少なくするために海側をカーブさせたとする説、また、丘のうえにあった長崎奉行所から出島を監視するときに見やすい形だったという説など、さまざまある。

さて、その後、一八八五（明治十八）年の中島川変流工事では出島の北側が一八メートルも削られ、一九〇四（明治三十七）年の港湾改良工事においては島自体が消えてしまったのだが、一九二二（大正十一）年には「出島和蘭商館跡」として国の史跡指定を受け、戦後にはオランダからの要望もあって復元への気運が高まり、一九五四（昭和二十九）年にはオランダ屋敷の庭園の一部の復元工事が開始された。

一九八九（平成元）年には長崎市の市政百周年事業の一環として出島表門の復元がなり、現在もなお復元事業は継続している。

復元事業の目的は、十九世紀初頭の扇形の出島の風景を現出させることであるという。

死後、三百七十年余経って国宝となった支倉常長の遺品

伊達《だて》政宗《まさむね》の命により、慶長遣欧使節を率いて月の浦（現・宮城県仙台市）からメキシコへ出航した仙台藩士・支倉常長《はせくらつねなが》。常長は、政宗のメキシコとの通商を叶えるための使節であった。

彼がスペイン人の宣教師ベアト・ルイス・ソテロとともに出航したのは一

六一三（慶長十八）年十月のことで、一行はメキシコを経由して大西洋を渡り、スペインのマドリードで国王・フェリペ三世に謁見《えっけん》、政宗の書状を手渡した。

その後、常長はローマに赴いて教皇・パウロ五世に拝謁し、ここでも政宗の書状を奉呈している。

常長はその後、再びマドリードへ向かうのだが、このとき同地には日本においてキリシタンへの迫害が酷《ひど》いことが報告されていたため、彼らに対する対応は冷淡であったという。

常長が日本へ戻ったのは一六二〇（元和六）年八月のことで、二年後の一六二二（元和八）年七月、五十二歳で亡くなっている。

さて、その後の話であるが、常長は政宗に対し、渡航の詳細を報告書にしたためているが、将来品は表に出ることはなかった。時代はキリスト教を禁じる方向へと傾いていたため、息子の常頼の代になってから藩に没収され、厳重に保管されることになったからだ。

常長をはじめとする渡航の面々の功績が讃えられるようになったのはそれから二百四十年以上経った明治維新後で、一八七三（明治六）年、岩倉具視《いわくらともみ》らがヨーロッパへ渡航した際に常長の書状を発見し、その事実が称賛されるようになったのだった。

そして、二〇〇一（平成十三）年になってから、常長の遺品はようやくその価値が認められ、国宝に指定されることとなった。仙台市博物館に所蔵されている祭服は、教会にて位が高い司祭が身につける衣服で、豪華できらびやかな刺繍《ししゅう》が人目を惹く。

同時代に評価されることはなかったが、常長はあの世で少しは喜んでいることであろう。

明治以降、石川島の人足寄場はどうなった？

江戸時代半ば、「人足寄場《にんそくよせば》」という施設が建設された。

これはときの老中・松平定信《まつだいらさだのぶ》が一七八〇（安永九）年頃に数年間だけ存在していた南町奉行所の無宿養育所などをヒントに、無宿収容施設を開設することを発案したことに端を発するもので、一七九〇（寛政二）年に開設された。

開設のおもな目的は、増え続ける無宿《むしゅく》（人別帳《にんべつちょう》から除外された放浪者や無頼者のこと）や浮浪者を更正させることにあり、それに付随して治安の向上をめざすものであった。

ちなみに、定信の発案に対してその実施を提案したのが火付盗賊改《ひつけとうぞくあらため》の長《は》谷川平蔵宣以《せがわへいぞうのぶため》であった。創設の業務を担ったのも平蔵で、現代では平蔵といえば「鬼平《おにへい》」として池波正太郎の小説の主人公のイメージが強いが、史実としての平蔵の評価としては人足寄場における尽力・貢献の面で語られることが多い。

さて、この人足寄場だが、明治以降どうなったのだろうか？

先述のように、人足寄場は無宿を収容し、更正する施設でもあったから、つまり現代的にいえば刑務所と同じ役割を持っていたといえる。事典的にいえば、「近代的自由刑の原初的形態たる性格を持つ」場所だったといえる。

そして事実、その通り、人足寄場は廃止後に石川島監獄署となっているのだ。石川島は人足寄場があった場所周辺の地名で、埋め立てによって築かれた人工島である。現在の住所でいうと、東京都中央区佃《つくだ》をさす。

その石川島監獄署は、一八九五（明治二十八）年十月に警視庁巣鴨監獄支所が落成したのを機に、すべて巣鴨へ移転。同支所は翌年、巣鴨監獄と改称している。

一九三五（昭和十）年六月には府中刑務所が落成し、人足寄場からの歴史はここに繋がることとなった。なお、このとき、人足寄場に築かれ、巣鴨監獄にも受け継がれてきた稲荷社も同時に府中刑務所に移転している。

ちなみに、人足寄場の様子や彼らの心情をよく伝えているのは山本周五郎の小説『さぶ』である。当時のようすがわかるので、ぜひ一読をオススメしたい。

日本にはじめてもたらされた仏像はどこへ行った?

仏教の発祥地・インドの伝説によると、世界ではじめてつくられた仏像はインド産の白檀《びゃくだん》でできていたとされる。

インドで生まれた仏教は、さまざまなルートを通っておもにアジアをはじめとする世界各地へ波及していったが、日本へはインド、チベット、中国、朝鮮半島を経由してたどり着くことになった。

この伝播ルートから、日本へ伝わった仏教は「北伝《ほくでん》仏教」といわれ、教えの内容から「大乗《だいじょう》仏教」(「多くの人びとを救う教え」という意味)と呼ばれている。

日本にはじめて仏教が伝来したのは五三八(欽明《きんめい》天皇七)年のこと(五五二年説もあり)だが、このとき日本には仏教(経典)とともに仏像も伝来したとされる。

このとき、百済《くだら》の聖明王《せいめいおう》は新羅《しらぎ》と高句麗《こうくり》からの攻撃によって窮地に陥っていた。そのため、日本には戦争の援軍を期待し、使者を使わして経典と仏像を贈り、同盟を結ぼうとしたのだった。そして、これが日本に仏教が伝わった最初の出来事として歴史に記録されることとなった。

では、その後、伝来した仏像はどこへ行ったのだろうか?

実は、このとき将来された仏像は、「捨てられてしまった」のである。

それはなぜか? これは歴史の教科書などで学ぶことでもあるが、仏教の伝来に伴い、日本では蘇我《そが》氏率いる崇仏《すうぶつ》派(仏教を受け入れる側)と物部《もののべ》氏率いる排仏派《はいぶつ》（仏教を受け入れない側）にわかれて争うことになり、仏像を蘇我氏（蘇我稲目《いなめ》）が預かることになったのだが、以降、日本には疫病《えきびょう》が蔓延するなどしたため、「日本古来の神さまを邪険にした祟《たた》りだ」と、物部尾輿《おこし》が難波《なにわ》の堀江に捨てたのだという。

また、この堀江から金の仏像を探して信濃国へ持ち帰り、安置したのが善《ぜん》光寺《こうじ》（長野県長野市）の縁起とされるから、その仏像とは善光寺の本尊である一光三尊阿弥陀如来像《いっこうさんそんあみだにょらい》ということになる。

なお、善光寺の縁起によれば、日本に仏教がはじめて伝わったのは五五二（欽明天皇十三）年のこととされ（欽明天皇は記紀系譜上の第二九代天皇のため、在位は一定でない）、そのほか、物部氏は仏教寺院を営んでいたとされるので、それらのことから総合すると、「難波の堀江に仏像を捨てた」という話の信憑性《しんぴょうせい》がどこまであるのかは定かではないといわざるをえない。

ただし、いずれにせよ、日本にはじめて将来された仏像は、蘇我氏と物部氏の政争を引き起こすきっかけの一つになった、とはいえるだろう。

訓練して軍隊に⁉ 江戸の町火消のその後

江戸時代、町人の花形だったのが「町火消《まちびけし》」である。粋《いき》でいなせな男たちが火事の際に活躍する姿は、江戸っ子たちを魅了したに違いない。

江戸はなんといっても火事の多い街として有名で、江戸の中心街にあった中村座などは、一六五七（明暦三）年から一八四一（天保十二）年までの百八十四年間で三三回も全焼しているほどだ。

そのため、江戸では大火が起こるたびに火消制度の再編を繰り返し、元禄の頃に「定火消《じょうびけし》」というはじめての幕府お抱えの消防組織ができあがり、一七一七（享保二）年一月に起きた「小石川馬場の火事」を契機として、ときの将軍・徳川吉宗の治世に「町火消」の制度が再編されている。

なお、町火消は「い」「ろ」「は」以下、四七組（のちに四八組）に再編されたが、「へ」「ひ」「ら」「ん」はそれぞれ「百」「千」「万」「本」に置き換えられている。「へ」は屁、「ひ」は火をイメージさせ、「ら」は当時の言葉で男性器をさし、「ん」は語呂が悪かったことによるためという。

　さて、そんな町火消だが、屈強な性格が見込まれたのか、幕末にはある重要な任務に駆り出されている。それが、一八五三（嘉永六）年六月三日の黒船来航時のことだった。

　もしも黒船が江戸城付近まで攻め入り大砲を撃ってきたら、江戸市中が火の海に包まれる。それを見越して、江戸のあちこちに待機することを命じされたのだ。

さらに、時代が下って鳥羽《とば》・伏見《ふしみ》の戦い（一八六八年）ののちには、同年一月からおよそ半年にわたって町火消は「町兵」として軍事訓練を施されるにいたっている。

これは町火消というよりも、軍隊としてのあつかいに近いといえる。

太路秀紀氏の研究によると、当時の町火消四三六三名のうちの約三分の一が町兵となったという。幕末という混乱期、「使えるものは何でも使う」という幕府の姿勢が読み取れて興味深い。

明治になると、それまで町火消が担っていた江戸（東京）の消防事務は警視庁の所管となり、消防組、消防隊の創設へと繋がっていくこととなった。

桜の名所、江戸・御殿山の悲しすぎるその後

ＪＲ品川駅の高輪口《たかなわ》の信号をわたり、左に折れてしばらく歩くと五反田《ごたんだ》方面へと通ずる道が見えてくる。その交差点辺りが、江戸時代もいま現在も「御《ご》殿山《てんやま》」と呼ばれる場所である。

御殿山という地名は、少し想像するとわかるが、江戸初期にこの地に農夫の耕作ぶりを視察するための御殿が築かれたことに由来するという。寛文年間には桜が移植され、飛鳥山《あすかやま》（東京都北区）とともに桜の名所として江戸っ子の心を癒《いや》した。

『江戸名所図会』には御殿山について、「この所は海に臨める丘山にして数千歩の芝生たり。殊更《ことさら》寛文の頃和州吉野山の桜の苗を植ゑさせ給ひ、春時爛漫《らんまん》として尤《もっと》も壮観たり」と記されている。桜が咲き誇る御殿山の当時の面影が

手に取るようにわかる。

ところが、幕末以降、御殿山の美しい景観は歴史に翻弄されるなかで汚されていく。

まず御殿山の景観を一変させたのが掘削《くっさく》工事で、それは品川の海に台場を建設するためであった。このため、御殿山の南側の土地が削り取られることになったのである。それに加えて、明治以降、東海道線が敷設されることになったとき、またもや山が削られた。

現在の地図を見るとわかるが、御殿山のすぐ東側を東海道本線や東海道新幹線の線路が走っている。一八七二（明治五）年の新橋・横浜間の鉄道敷設において、犠牲を強いられた場所の一つが御殿山だったのだ。

明治中期になると、御殿山は私有地として邸宅が建ち並ぶようになり、三井財閥の基礎を固めた益田孝《ますだたかし》や、三菱財閥の創立者・岩崎弥太郎《いわさきやたろう》の長男・久弥《ひさや》、実業家・銀行家の原六郎らがそこに住んだ。

原六郎の土地はもともと西郷従道《さいごうつぐみち》（隆盛の弟）が所有していた土地で、井《いの》上馨《うえかおる》が仲立ちして原が住むことになった。

なお、原の邸宅は、その後養嗣子の邦造《くにぞう》が建築家・渡辺仁《わたなべじん》に設計を依頼して洋館を建てた（完成は一九三八年）。

それを改装してできたのが現在の原美術館で、和風と洋風が絶妙にマッチしたそのフォルムは、いまなお古びていない先進性がある。また、もともと私邸だったこともあって、美術館でありながらどこかに温もりを感じることができるのも同館ならではである。

処刑後の吉田松陰の首をめぐる「裏取引」とは？

松下村塾《しょうかそんじゅく》の主宰者として高杉晋作《たかすぎしんさく》、久坂玄瑞《くさかげんずい》、伊藤博文、井上馨《いのうえかおる》、山県有朋《やまがたありとも》などを育て、明治新政府の礎を築いた思想家・吉田松陰《よしだしょういん》。

一八五八（安政五）年から翌年にかけて行なわれた、大老・井伊直弼《いいなおすけ》による尊王攘夷派《そんのうじょうい》および一橋派への弾圧「安政の大獄《たいごく》」において逮捕された松陰は、取調べの際、老中・間部詮勝《まなべあきかつ》の暗殺を計画していたことが露顕し、一八五九（安政六）年十月二十七日、死罪を言い渡され、同日首を斬られて処刑された。

自分が処刑されることを事前に察知していた松陰は、死の十日前には松下村塾の門下生に手紙を送り、自分の首の取り扱いは江戸小伝馬町《こでんま》の牢名主《ろうなぬし》に頼んであることを伝えていた。「首を丁重に葬ってほしい」というのが、松陰の望みだったのだ。

ところが、処刑後も松陰の首が容易に戻されることはなかった。

実は、死罪や獄門《ごくもん》（さらし首）になった遺体は試し切りに用いられるため、引き渡すことは許されなかったのである。

門下生である尾寺新之允《おでらしんのじょう》や飯田正伯《いいだしょうはく》らは牢名主らに裏金を渡し、師の亡骸《なきがら》を戻してくれるよう懇願するが、「首はわれわれが丁重に埋葬するから、まかせておけ」と、にべもない。

話はとんと進まなかった。

しかし、牢屋においては、牢名主だけでなく囚人からも尊敬を集めていた松陰だったから、その遺体がすぐに試し切りにされることはなかった。それだけは幸いだったといえる。

裏金ではらちが明かないと考えた尾寺と飯田は、今度は牢役人に対して正面から交渉をし、処刑から二日後、ようやく松陰の遺体は戻されることになったのだった。

小塚原《こづかっぱら》刑場にあった松陰の首は胴体とともに俵に詰められていたが、その顔は穏やかで、まるで瞑想しているかのように見えたそうだ。遺体を引き取りに行った尾寺と飯田、そして塾生である伊藤博文と松陰に兄事していた桂《かつら》小五郎《こごろう》（のちの木戸孝允《きどたかよし》）は、亡骸を大がめに詰め、回向院《えこういん》常行庵の橋本左《はしもとさ》内《ない》の墓の隣に埋められたが、三年後に高杉晋作らによって若林《わかばやし》村（東京都世田谷区）の長州藩の屋敷に移され、一八八二（明治十五）年になってから墓の脇に小さな社が建てられた。

現在、松陰神社と呼ばれるものがそれで、学問の神様として全国から厚い信仰を集めている。

【主要参考文献】

『幕末の天皇』藤田覚（講談社）／『徳川慶喜』家近良樹、『町火消たちの近代東京の消防史』鈴木淳、『柳田国男　その生涯と思想』川田稔（吉川弘文館）／『新島八重　ハンサムな女傑の生涯』同志社同窓会編（淡交社）／『フェノロサ「日本美術の恩人」の影の部分』保坂清、『図説　マッカーサー』太平洋戦争研究会編、袖井林二郎・福島鑄郎著（河出書房新社）／『気魄の人　横山大観』、『後藤新平伝未来を見つめて生きた明治人』星亮一、『幕末明治傑物伝』紀田順一郎、『無念なり近衛文麿の闘い』大野芳（平凡社）／『第十六代徳川家達　その後の徳川家と近代日本』樋口雄彦（祥伝社）／『評伝　河口慧海』奥山直司、『児島惟謙　大津事件と明治ナショナリズム』楠精一郎、『長州奇兵隊　勝者のなかの敗者たち』一坂太郎（中央公論新社）／『龍馬史』磯田道史、『男装の麗人・川島芳子伝』上坂冬子（文藝春秋）／『辞世の言葉で知る日本史人物事典』西沢正史編（東京堂出版）／『日本の歴史を変えた３０２人』日本歴史・人物研究会編（主婦と生活社）／『その時歴史が動いた　12』ＮＨＫ取材班編（ＫＴＣ中央出版）／『超航海・英雄伝説の謎を追う』茂在寅男（三交社）／『安徳天皇はすり替えられていた』宇佐公康

（木耳社）／『真説「徐福伝説」』羽田武栄・広岡純（三五館）／『別冊歴史REAL　怪物たちの満洲帝国』（洋泉社）／『大塩平八郎』岡本良一（創元社）／『歴史がわかる！　100人日本史』河合敦（光文社）／『人間ゾルゲ』石井花子、『国際スパイ　ゾルゲの真実』NHK取材班・下斗米伸夫（角川書店）／『坂本龍馬と海援隊　〝世界〟を目指した異色の集団』（学研パブリッシング）／『事典にのらない日本史有名人の晩年』、『事典にのらない日本史有名人の晩年と死』、『教科書が教えない歴史有名人の死の瞬間』、『細川ガラシャのすべて』上総英郎編、『英雄不死伝説　日本史ミステリー探検』、『戦国人名事典』阿部猛・西村圭子編（新人物往来社）／『あの人はどこで死んだか』矢島裕紀彦（主婦の友社）／『史跡探訪　新選組残照』赤間倭子（東洋書院）／『カリスマたちの遺言』津田達彦編（東京書籍）／『古代史の主役たち　知れば知るほど』関裕二（実業之日本社）／『東京の地霊（ゲニウス・ロキ）』鈴木博之、『後藤新平　大震災と帝都復興』越澤明（筑摩書房）／『街道をゆく　二十二』司馬遼太郎（朝日新聞社）／「北國新聞」

そのほか、各市区町村・各団体ホームページなど

雑学総研（ざつがくそうけん）
珍談奇談の類から、学術的に検証された知識まで、種々雑多な話題をわかりやすい形で世に発表する集団。
江戸時代に編まれた『耳袋』のごとく、はたまた松浦静山の『甲子夜話』のごとく、あらゆるジャンルを網羅すべく、日々情報収集に取り組んでいる。
著書に『雑学大王　日本史編』（中経の文庫）がある。

中経の文庫

誰も書かなかった　日本史「その後」の謎

2014年11月29日　第1刷発行

著　者　雑学総研（ざつがくそうけん）

発行者　川金　正法

発行所　株式会社KADOKAWA
〒102-8177　東京都千代田区富士見2-13-3
03-5216-8506（営業）
http://www.kadokawa.co.jp

編　集　中経出版　中経の文庫編集部
〒102-0071　東京都千代田区富士見1-8-19
03-3262-2124（編集）
http://www.chukei.co.jp

落丁・乱丁本はご面倒でも、下記KADOKAWA読者係にお送りください。

送料は小社負担でお取り替えいたします。

古書店で購入したものについては、お取り替えできません。

電話 049-259-1100（9：00～17：00／土日、祝日、年末年始を除く）

〒354-0041　埼玉県入間郡三芳町藤久保550-1

DTP／フォレスト　印刷・製本／錦明印刷

ISBN978-4-04-601007-0　C0121